ISBN 978-3-8094-4171-7

1. Auflage

Die Originalausgabe erschien auf Englisch unter dem Titel *Grow in the Dark*

Fotos: Heather Saunders
Projektleitung dieser Ausgabe: Dr. Iris Hahner
Umschlaggestaltung: Atelier Versen, Bad Aibling
Übersetzung: Herta Winkler
Satz: Dr. Alex Klubertanz
Herstellung: Angelika Tröger

Verlagsgruppe Random House FSC® N001967

Printed in China

Lisa Eldred Steinkopf
Mit Fotografien von Heather Saunders

Die schönsten Zimmerpflanzen für dunkle Räume

Bassermann

Einführung
6

KAPITEL 1
Licht und Beleuchtung
8

KAPITEL 2
Gießen und Düngen
22

KAPITEL 3

Hegen und Pflegen

38

KAPITEL 4

Pflanzenporträts

52

Register

158

Über die Autorin

160

Danksagung

160

Einführung

Würden Sie gerne in einer grünen Oase leben? Haben Sie genug von den künstlichen Pflanzen, mit denen Sie Ihr Heim bisher dekoriert haben und die nur als Staubfänger taugen? Möchten Sie lieber für ein lebendes Wesen sorgen? Ein Hund, eine Katze, ja selbst ein Aquarium kommen für Sie zumindest jetzt nicht in Frage, dennoch hätten Sie gern etwas, um das Sie sich kümmern können?

In unserer schnelllebigen, stressigen Zeit ist es nur selten möglich, in einem Park spazieren zu gehen, wo üppiges Grün gedeiht. Wenn Sie in einer eher dunklen Wohnung oder in der Stadt zwischen hohen Gebäuden leben, die den Lichteinfall verhindern, wird die Pflanzenpflege zur Herausforderung. Vielleicht gibt es auch rund um Ihren Arbeitsplatz kein Stückchen Natur. Aber auch bei ungünstigen Verhältnissen müssen Sie nicht darauf verzichten.

Zimmerpflanzen verschönern nicht nur Ihr Heim, sondern verbessern auch das Raumklima. Der NASA-Wissenschaftler Dr. B. C. Wolverton hat nachgewiesen, dass bestimmte Pflanzen schädliche Chemikalien absorbieren können. Diese Stoffe sind Ausdünstungen aus neuen Möbeln, Teppichböden, Wandfarbe und elektronischen Geräten. Dabei reicht eine dieser Zimmerpflanzen auf 9 Quadratmetern aus, um einen oder mehrere Schadstoffe zu entfernen.

Pflanzen wirken auch regulierend auf hohen Blutdruck und sie machen glücklich. Vielleicht haben Sie nach diesen erfreulichen Erkenntnissen gleich das nächste Gartencenter aufgesucht, um mit frisch gekauften Pflanzen die Wohnungsluft zu reinigen, etwas für Ihren Blutdruck zu tun und Ihre Glücksgefühle zu stimulieren – nur, um nach wenigen Wochen festzustellen, dass Sie nicht glücklicher sind und

ebenso wenig Ihre Pflanzen, die – im Gegenteil – langsam eingehen. Wie können diese mickrigen Gewächse die Luft reinigen und die Laune verbessern? Sie sind frustriert und überzeugt, keinen grünen Daumen zu haben – nicht mal einen hellgrünen.

Ich habe dieses Buch geschrieben, um Ihren grünen Daumen zu aktivieren! Sie müssen nur wissen, welche Bedürfnisse Ihre Pflanzen haben und wie man diese mit wenig Zeitaufwand befriedigt. Der wichtigste Faktor bei der Pflanzenwahl ist Licht. Es bestimmt, ob Ihre Pflanzen dahinkümmern oder ob sie prächtig grünen und gedeihen. Sehr oft stehen Pflanzen, die viel Licht brauchen, zu dunkel – und umgekehrt. Ein gutes Beispiel sind die derzeit sehr beliebten Sukkulenten. Bei uns ist in den meisten Gegenden einfach nicht genügend Licht vorhanden, um ihnen optimale Lebensbedingungen zu bieten.

Dieses Buch stellt Ihnen 50 Pflanzen vor, die mit wenig oder mittelmäßig viel Licht auskommen. Außerdem bekommen Sie Tipps, wie Sie das Beste aus dem zur Verfügung stehenden Licht machen und mit einfacher künstlicher Beleuchtung die Lichtausbeute verbessern können.

Pflanzen zu finden, die in Ihren Lichtverhältnissen gut leben können, ist weniger schwierig, als Sie denken. Der Knackpunkt ist, sich ein bisschen zu informieren, bevor man sich eine Pflanze anschafft. Daher: Lesen Sie das Buch und finden Sie den perfekten Pflanzengefährten für Ihr Heim!

Kapitel 1

Beleuchtung

Die richtige Beleuchtung ist der Schlüssel zur erfolgreichen Zimmerpflanzenpflege. Licht in jeder Form, sei es natürlich oder künstlich, ist Nahrung für Ihre Pflanzen. Sie können nur »essen« , wenn Licht auf ihre Blätter fällt. Nimmt eine Pflanze Licht, Wasser und Kohlendioxyd auf, verwandelt sie das in Nahrung. Dieser Prozess findet in den grünen, chlorophyllhaltigen Zellen der Pflanze statt und heißt Photosynthese. Das Beste daran für Sie, mich und alles Leben auf der Welt: das Nebenprodukt der Photosynthese ist Sauerstoff. Gäbe es keine Pflanzen, wäre kein Leben, wie wir es kennen, auf der Erde möglich.

SONNENLICHT

Beginnen wir mit dem Licht, das durch die Fenster in unsere Wohnungen fällt: dem Sonnenlicht.

Einige Wohnungen sind heller als andere – das hängt in erster Linie von ihrem Zuschnitt und der Anzahl der Fenster ab.

Wenn Licht der Schlüssel zu gesunden Pflanzen ist, wie können Sie wissen, ob Ihre genügend davon bekommen? Ganz einfach: wenn Sie ohne künstliche Beleuchtung lesen können, reicht das Licht für die in diesem Buch beschriebenen Gewächse. Ihre Wohnung könnte heller sein, als Sie denken, und für viele unterschiedliche Pflanzen geeignet sein. Zuerst müssen Sie jedoch herausfinden, wie viel Licht zur Verfügung steht und aus welcher Himmelsrichtung es kommt. Häuser und große Wohnungen haben Fenster auf mehreren Seiten. Wenn Sie aber in einer kleinen Wohnung leben, kommt das Licht oft nur aus einer Richtung.

Die Himmelsrichtungen können Sie ganz einfach bestimmen: In Ost- und Westfenster fällt die Morgensonne. Überhaupt keine direkte Sonne deutet auf ein Nordfenster hin und viel Nachmittags- und Abendsonne auf ein Südfenster.

Eine fünfte Möglichkeit sind Oberlichter, da durch sie zusätzliches Licht einfällt – schön, wenn man eines hat! Nun aber Näheres zu den fünf Möglichkeiten des Lichteinfalls und den dafür geeigneten Pflanzen.

Ostfenster

Ein Ostfenster gehört zu den besten Standorten für Zimmerpflanzen. Durch Ostfenster fällt sanftes, kühles Morgenlicht. Wenn die Sonne aufgeht, scheint sie tief in den Raum, und je höher sie steigt, desto weniger Licht fällt ein. Usambaraveilchen, Farne, Begonien, Maranten, Kolbenfäden und viele andere fühlen sich hier sehr wohl. An einem Ostfenster können Sie diejenigen Pflanzen, die weniger Licht brauchen, hinter dem Fenstersims platzieren, direkt darauf stellen Sie solche mit mittlerem oder möglicherweise sogar hohem Lichtbedarf.

Westfenster

Das Licht an einem Westfenster ist fast das gleiche wie an einem Ostfenster, aber das Westfenster setzt Ihre Pflanzen mehr der Hitze aus. Lichthungrige Pflanzen kommen hier auf der Fensterbank bestens zurecht. Westliches Licht fällt bei Sonnenuntergang weit in den Raum und erreicht so auch Pflanzen, die weiter entfernt vom Fenster stehen. Pflanzen mit mittlerem oder geringem Lichtbedarf sollten Sie nicht auf den Sims eines Westfensters stellen – sie könnten zu viel Licht und Wärme bekommen. Geeignet sind dagegen Kakteen und andere Sukkulenten, Tillandsien, Sansevierien, Ficus-Arten und viele Blühpflanzen. Vom schrägen Lichteinfall am späten Nachmittag profitieren Aglaonema, Spathiphyllum und andere Pflanzen, wenn sie mit 1,20 bis 1,50 Meter Abstand zum Fenster platziert werden.

Durch ein Ostfenster fällt das sanfte Morgenlicht. Farne, Grünlilien, Efeututen und Usambaraveilchen gedeihen hier gut.

Westfenster eignen sich als Standorte für Kakteen und andere Sukkulenten sowie Tillandsien. Weil das Licht in einem Winkel einfällt, überleben Pflanzen mit geringem Lichtbedarf wie Aglaonema besser im Rauminneren. Wenn Sie solche Pflanzen an einem Südfenster oder unter einem Oberlicht stellen wollen, können Sie den Lichteinfall mit einem dünnen Vorhang oder einer Jalousie regulieren.

Südfenster

Südfenster bekommen den ganzen Tag über das meiste Licht – es ist so intensiv, dass Kakteen und die meisten anderen Sukkulenten prächtig gedeihen. In den Sommermonaten, wenn die Sonne hoch steht und direkt aufs Fenster scheint, reicht der Lichteinfall nicht weit in den Raum. Wenn Sie einen dünnen, durchscheinenden Vorhang anbringen oder die Pflanzen weiter in den Raum hinein stellen, bekommt dies vielen Pflanzen mit mittlerem Lichtbedarf recht gut. Wenn Sie dagegen Pflanzen mit geringem Bedarf ohne Schutz auf die Fensterbank stellen, können die Blätter Sonnenbrand bekommen und sogar eingehen. Im Winter steht die Sonne tiefer und das Licht fällt in einem Winkel ein. Das Licht von Osten und Westen ändert sich im Winter nicht so sehr wie das von Süden. Pflanzen mit geringem bis mittlerem Lichtbedarf stehen daher in den Wintermonaten oft besser an einem Südfenster.

Nordfenster

In Nordfenster fällt niemals direktes Sonnenlicht. Dafür geeignet sind Blattpflanzen wie Schusterpalme, Philodendron-Arten, Zamien und Efeutute. Sie stammen aus dem Regenwald, wo sie auf dem Boden leben und nur wenig Licht bekommen. Blühpflanzen kommen hier nicht in Frage, außer Sie gönnen ihnen zusätzliches künstliches Licht (siehe dazu Seite 17). Wenn Sie abends regelmäßig eine Tischlampe anhaben, kann dieses geringe Extralicht auch eine Pflanze zum Blühen bringen, die mehr Licht benötigt, als durch ein Nordfenster fällt, zum Beispiel ein Usambaraveilchen.

Oberlichter

Oberlichter sind eine fünfte Möglichkeit, Licht in die Wohnung zu bringen. Das Licht fällt direkt von oben ein und bewegt sich mit der Sonne durch den Raum. Dadurch können Sie einer größeren Auswahl an Pflanzen ein Heim bieten. Denken Sie aber daran, dass das Licht aus Oberlichtern sehr intensiv sein kann. Obwohl es vielleicht längere Zeit nicht direkt auf Ihre Pflanze fällt, kann es doch die Blätter der Gewächse mit geringem Lichtbedarf verbrennen.

Erdgeschosswohnungen

Erdgeschosswohnungen sind meist dunkler als die Apartments in den oberen Etagen. Aber das ist kein Problem. Wenn Sie hohe Fenster haben, sind Ampelpflanzen eine gute Wahl. Sie können auch ein Regal als verbreiterten Fenstersims vor ein Fenster stellen. Die darauf platzierten Pflanzen bieten einen schönen Sichtschutz. Eine weitere Möglichkeit ist eine fensterhohe Pflanze, zum Beispiel ein Drachenbaum. Bekommt Ihre Wohnung wenig Licht, sollten Sie Pflanzen wählen, die dort überleben können. Nützlich für das Wachstum sind auch zusätzliche kleine Pflanzenleuchten.

Viele Pflanzen gedeihen gut im schwächeren Licht eines Nordfensters. Von links nach rechts: Zamien, Krokodilfarn, Efeutute und auf dem Boden ein Kolbenfaden.

Diese Marante steht abseits des Fensters. Der Spiegel dahinter reflektiert aber das Licht und sorgt daher für bessere Lichtverhältnisse.

Einflüsse auf den Lichteinfall

Sie sind begeistert, dass Sie ein Südfenster haben, aber der lichthungrige Kaktus, dem es hier gut gehen sollte, schwächelt. Haben Sie das weit überhängende Dach über Ihrem Fenster bedacht? Was ist mit der Markise, die Ihren Teppich vor dem Verblassen schützen soll? Oder dem großen, Schatten spendenden Baum vor dem Fenster? Wenn der Baum im Herbst seine Blätter fallen lässt, wird das Zimmer im Winter heller sein als im Sommer. Bei einem immergrünen Baum, zum Beispiel einer Tanne, haben Sie das ganze Jahr über Schatten. Und was ist mit dem großen Haus gegenüber, das die Sonne abblockt? Ist es dunkel gestrichen, absorbiert es das Licht zusätzlich, eine helle Farbe dagegen kann Licht reflektieren. All diese Faktoren bestimmen die Lichtmenge, die durch Ihre Fenster fällt und die Ihre Pflanzen abbekommen. Kreative Ideen für zusätzliches Licht finden Sie auf Seite 20.

MEIDEN SIE PANASCHIERTE PFLANZEN

Ich liebe panaschierte Pflanzen mit mehreren Blattfarben. Sie können weiß-grün sein, grün-gelb oder sogar, wie ein Kroton, rot, gelb, grün und orange, alles an derselben Pflanze. Das Problem ist, dass sie mehr Licht brauchen als die einfarbigen. Bei mäßigem Licht sollten Sie sich nicht von panaschierten Pflanzen im Gartencenter verführen lassen, auch wenn sie noch so reizvoll sind. Ohne ausreichend Licht verblassen die Farben und Ihnen bleibt nur eine grüne Pflanze.

Eine Pflanze, die nicht regelmäßig gedreht wird, neigt sich dem Licht zu und wird schief. Drehen Sie sie bei jedem Gießen um ein Viertel und sie wächst symmetrisch.

Phototropismus

Wenn sich Ihre Pflanzen zum Fenster hin neigen, leiden sie möglicherweise an Phototropismus. Das hört sich wie eine Krankheit an, ist es aber nicht. Bei den meisten Fenstern kommt das Licht nur aus einer Richtung, und natürlich wächst Ihre Pflanze dem Licht entgegen. Die Lösung ist, die Pflanze bei jedem Gießen um ein Viertel zu drehen, wenn nötig, auch öfter. Ist die Pflanze zu groß, um sie öfter zudrehen, stellen Sie sie auf einen Pflanzenroller, damit lässt sie sich leichter bewegen. Nach dem Drehen wird sich die Pflanze wieder aufrichten; hat sie einen Stamm, wie zum Beispiel ein Ficus, kann allerdings ein Knick bleiben. Um das zu verhindern, dürfen Sie das Drehen nicht vergessen.

Stecker und Etiketten

Wenn Sie sich für eine Pflanze entschieden haben, schauen Sie nach, ob sie einen Stecker im Topf hat oder ein Etikett, und nehmen Sie sich die Zeit, den Text zu lesen. Einige geben nur allgemeine Hinweise, zum Beispiel ob es sich um eine Zimmer- oder eine Gartenpflanze handelt oder ob sie ein tropisches Gewächs ist, das in unseren Breiten für draußen weniger geeignet ist. Manchmal wird aber die genaue Art angegeben oder sogar der botanische Name genannt, was sehr hilfreich ist, um weitere Informationen zu bekommen. Sie können den Namen googeln und sicherstellen, dass es sich tatsächlich um die gewünschte Pflanze handelt, falls sie auf dem Stecker nicht abgebildet ist. Gelegentlich werden solche Stecker nämlich auch in der Gärtnerei oder im Gartencenter vertauscht.

Außerdem enthält der Stecker meist Angaben über den Licht-, Wasser- und Düngerbedarf. Bei den Angaben zum Licht ist oft nicht klar, was sie wirklich bedeuten. In der Tabelle finden Sie deshalb eine Dekodierung gebräuchlicher Angaben.

LICHTTYP	STANDORT
Hoch, viel, hell, volle Sonne	Süd- oder Westfenster
Mittel, indirekt, Halbschatten, Schatten	Ostfenster, mit Abstand Süd- oder Westfenster
schwaches Licht, Halbschatten, Schatten	Nordfenster, mit Abstand Ost- oder Westfenster, mit größerem Abstand Südfenster

Wenn Sie Ihre Pflanze an einen Platz gestellt haben, wie auf dem Stecker empfohlen, und sie gedeiht nicht gut, könnte sie zu viel oder zu wenig Licht bekommen. Wie Sie das feststellen, lesen Sie auf der nächsten Seite.

Diese Pflanze braucht wenig Licht, wurde aber nach draußen in die Sonne gestellt, die die Blätter verbrannt hat. Wenn Sie Pflanzen zurück ins Haus holen, stellen Sie sie zuerst in den Schatten. Die meisten Zimmerpflanzen stehen draußen ungern in der vollen Sonne.

Zu viel oder zu wenig Licht?

Unsere Pflanzen leiden, wenn sie zu viel oder zu wenig Licht bekommen. Worauf sollten Sie achten? Der erste Hinweis auf zu wenig Licht ist der Phototropismus (siehe Seite 15), der zweite, dass neue Triebe schwach und blass mit kleineren Blättern erscheinen. Kakteen und andere Sukkulenten wachsen dem Licht entgegen und verlieren ihre Form. Wenn Blütenpflanzen wie Usambaraveilchen oder Orchideen innerhalb eines Jahres nicht blühen, kann das an mangelndem Licht liegen. Fällt eine Pflanze zusammen, sollten Sie den Wurzelstock inspizieren. Ist er glitschig und breiig, kann es sein, dass er das Wasser nicht mehr aufnehmen konnte, weil das Gewächs zu wenig Licht bekam. Pflanzen brauchen nämlich weniger Wasser, wenn sie dunkler stehen. Mehr darüber erfahren Sie in Kapitel 2.

Eine Pflanze kann aber nicht nur zu wenig, sondern auch zu viel Licht bekommen. Viele Pflanzen mögen nur mittleres oder schwaches Licht und direkte Sonneneinstrahlung schadet ihnen. Bei starker Sonne und Hitze können sie verwelken. Wenn Sie das merken, rücken Sie sie vom Fenster weg; vielleicht erholen sie sich wieder. Manche Pflanzen rollen bei zu viel Sonneneinstrahlung ihre Blätter ein, um sie vor dem Licht zu schützen – ähnlich wie ein Vampir. Eine Pflanze, die im Schatten gestanden hat und plötzlich ans Fenster gestellt wird, kann Sonnenbrand bekommen. Die verbrannten Blätter erholen sich nicht mehr und der gesamte Wuchs wird gedrungen und kümmerlich.

Beides, zu viel und zu wenig Licht, kann schließlich dazu führen, dass eine Pflanze eingeht, wenn der Fehler nicht rechtzeitig behoben wird. Kümmern Sie sich um Ihre Pflanzen, und wenn Sie sie aufmerksam beobachten, werden Sie verstehen, was sie Ihnen sagen wollen.

WAS IST AKKLIMATISIERUNG?

Akklimatisierung ist ein Prozess der Umgewöhnung für eine Pflanze, wenn sich ihre Umweltbedingungen ändern. In Gärtnereien herrschen Idealvoraussetzungen, um schöne und kräftige Pflanzen aufzuziehen, die Sie zu Hause meist nicht bieten können. Daher sollten Sie eine neue Pflanze besonders gut beobachten, um ihr die Akklimatisierung zu erleichtern. Stellen Sie sie zuerst direkt an ein Fenster und erst nach einiger Zeit weiter weg, bis sie an den vorgesehenen Standort kommt. Es kann ein paar Wochen dauern, bis sich die Pflanze an Ihr neues Zuhause gewöhnt hat, und sie kann dabei ein paar Blätter verlieren. Aber wenn Sie sie an einen Platz stellen, der ihr das Licht bietet, das sie benötigt, wird sie sich akklimatisieren und gut gedeihen. Zusätzlich zum neuen Lichtniveau muss sich die Pflanze auch an die geringere Luftfeuchtigkeit in Ihrer Wohnung anpassen. Davon mehr auf Seite 34.

KÜNSTLICHE BELEUCHTUNG

Wenn Sie nicht genügend Sonnenlicht haben für die Pflanzen, die Sie gerne hätten, sollten Sie zusätzliche künstliche Beleuchtung in Erwägung ziehen.

Selbst wenn Sie in einem fensterlosen Raum leben würden oder so dunkel, dass normalerweise keine Pflanzen gedeihen, können Sie viele Arten bei künstlichem Licht hegen und pflegen. Es gibt zahlreiche Möglichkeiten – von kleinen und einfachen Vorrichtungen bis zu größeren Hängeleuchten, die passend zur Einrichtung gewählt werden können.

Wichtig ist das Farbspektrum des Lichts. Pflanzen benötigen vor allem die roten und blauen Anteile des Tageslichts, das die üblichen Glühlampen nicht in idealer Zusammensetzung liefern. Daher gibt es im Handel eine große Auswahl an speziellen Pflanzenlampen. Da wären zum einen die Leuchtstofflampen (Neonröhren) zu nennen, die schon lange mit Erfolg verwendet werden. Sie sind nicht teuer, haben aber den Nachteil, dass sie relativ viel Strom verbrauchen. Achten Sie auf die Lichtfarbe: nehmen Sie keine »warmweißen« Lampen; diese geben zwar ein für uns angenehmeres Licht ab, aber der Rotanteil ist für Ihre Pflanzen zu hoch.

Ich habe einfache, günstige Pflanzen-Leuchtstofflampen unter meine Regale gehängt. Damit blühen meine Usambaraveilchen, die auf der Küchenarbeitsplatte neben der Kaffeemaschine stehen, fast das ganze Jahr über. Viele Usambaraveilchen-Liebhaber verwenden künstliche Beleuchtung, damit die Pflanzen symmetrisch wachsen und ständig blühen. Bei Kakteen und Sukkulenten verhindert sie, dass die Pflanzen vergeilen, was deren natürliche Form ruinieren würde.

Gut geeignet sind auch Energiesparlampen, die in normale Lampenfassungen passen. Die beste Beleuchtungsmethode sind aber LED-Lampen, die viel energieeffizienter als Leuchtstofflampen sind. Der Nachteil ist, dass LEDs teurer sind als Leuchtstofflampen, aber sie halten länger und benötigen weniger Energie, weil sie nicht so lange eingeschaltet bleiben müssen. In vielen Küchen sind bereits LED-Leuchten eingebaut und Sie müssen nur die restlichen Lampen der Wohnung durch LED-Pflanzenlampen ersetzen. LED-Leuchten gibt es auch mit Clips, die Sie an allen Regalen anbringen können. Damit können Sie Pflanzen an jeden beliebigen Platz stellen.

Normale Glühlampen und Halogenlampen sind schlecht geeignet für Pflanzen, weil sie zu viel Wärme abstrahlen und nicht das geeignete Farbspektrum bieten. Doch kann auch dieses Licht in den Abendstunden Ihren Pflanzen etwas helfen, um besser zu wachsen. Wenn man eine Pflanze allerdings abends mit einem Spotlight vom Boden her beleuchtet, so dass reizvolle Muster an die Decke geworfen werden, sieht das zwar gut aus, nützt der Pflanze aber nichts. Das Chlorophyll, mit dem sie die Energie umwandelt, sitzt in der Blattoberseite. Daher hilft nur eine Beleuchtung von oben bei der Photosynthese.

In diesem Buch geht es hauptsächlich um Pflanzen, die man bei mäßigem Lichteinfall pflegen kann. Wenn Sie ein großes Südfenster haben, an dem Kakteen und andere Sukkulenten prächtig gedeihen, brauchen Sie dieses Buch vielleicht nicht. Aber wenn Sie eine Pflanze dauerhaft auf dem Beistelltisch im hinteren Winkel des Raumes platzieren möchten, kann es Ihnen helfen, die richtige Pflanze für diesen Standort zu finden.

Unterschätzen Sie nicht das Licht einer gewöhnlichen Tischlampe in den Abendstunden. Es kann für Ihre Pflanze durchaus nützlich sein.

Wenn Sie einen Strahler über einer Pflanze anbringen, kaufen Sie eine passende spezielle Pflanzenlampe dazu.

Roses
ALL ABOUT
MOORE

15 TIPPS

FÜR BESSERES LICHT

Diese Tipps helfen, den Lichteinfall ohne künstliche Beleuchtung zu verbessern.

1 Putzen Sie Ihre Fenster! Smog, Regen, Luftverschmutzung trüben das Glas ein und reduzieren den Lichteinfall. Dies ist in ländlichen Gebieten mit Feldwegen und auf Bauernhöfen umgeben von Feldern, die gepflügt, bepflanzt und abgeerntet werden, ebenso der Fall wie in Industriegebieten oder Städten mit Smog- und Feinstaubbelastung. Putzen Sie die Fenster mehrmals im Jahr, vor allem im Herbst, wenn Sie Ihre Pflanzen, die im Sommer draußen gestanden haben, ins Haus holen. Dann brauchen sie alles Licht, was sie bekommen können.

2 Säubern Sie die Blätter! Ein Schwamm und klares Wasser ist alles, was Sie brauchen, um Staub, Tierhaare und anderen Schmutz zu entfernen, der verhindert, dass genügend Licht die Zellen erreicht. Wenn möglich, stellen Sie die Pflanzen ins Waschbecken oder in die Badewanne und duschen Sie sie sanft ab. Sie werden es Ihnen danken.

3 Entfernen Sie Vorhänge und Jalousien! In Bad und Schlafzimmer ist das vielleicht nicht möglich, aber wenn Sie auf die Fensterbänke genügend große Pflanzen stellen, wie ich es mache, brauchen Sie keinen weiteren Sichtschutz. Wenn Sie nicht auf Vorhänge verzichten wollen, nehmen Sie möglichst lichtdurchlässige und waschen Sie sie regelmäßig. Vergessen Sie nicht, die Fensterläden tagsüber zu öffnen.

4 Entfernen Sie jegliche Farbe oder Folien von den Fenstern.

5 Montieren Sie die Markise ab. Sie blockiert viel Licht, wofür sie ja auch da ist. Wenn Sie das Fenster mit Pflanzen füllen, reduzieren diese den Lichteinfall, so dass Ihre Teppiche nicht ausbleichen – also brauchen Sie keine Markise.

6 Streichen oder tapezieren Sie die Wände in hellen Farben, die das Licht reflektieren, so dass es auf Ihre Pflanzen fällt. Ungünstig sind schwarze, dunkelblaue, violette und ähnliche Wandfarben oder Tapeten.

7 Hängen oder stellen Sie Spiegel im Raum auf. Sie vergrößern das Zimmer optisch und bieten Ihren Pflanzen etwas Zusatzlicht.

8 Reinigen Sie die Fliegengitter. Dort sammeln sich Staub, Pollen und anderer Schmutz an, der den Lichteinfall blockieren kann. Wenn möglich, entfernen Sie sie im Herbst und bringen sie erst im Frühjahr wieder an, denn sie können 30 Prozent des Lichts blockieren, selbst wenn sie sauber sind.

9 Büsche und Bäume vor dem Fenster müssen Sie nicht gleich fällen. Es ist aber ratsam, sie zu beschneiden. Ein geschickter Schnitt lässt mehr Lichteinfall zu, ohne den Pflanzen zu schaden. Lassen Sie sich beraten.

10 Wenn Sie die Einfahrt erneuern, legen Sie eine Schicht Beton über den Asphalt oder verwenden Sie helle Pflastersteine. So wird Licht ins Haus reflektiert.

11 Wenn Sie Ihren Garten neu anlegen, wählen Sie kleinwüchsige Büsche. Ich musste meine Büsche im Vorgarten nicht ersetzen, weil ich von vornherein Gewächse gewählt habe, die niedrig bleiben, so dass so viel Licht wie möglich auf meine Zimmerpflanzen fällt.

12 Wenn Ihre Nachbarn planen, ihr Haus frisch zu streichen, bitten Sie sie, das Haus weiß oder in einer anderen hellen Farbe zu streichen. Die hellen Wände reflektieren das Licht zum Wohle Ihrer Pflanzen.

13 Wenn Sie neue Fenster brauchen, entscheiden Sie sich für größere und wenn möglich auch für ein Oberlicht, damit die Wohnung heller wird.

14 Verzichten Sie auf Buntglasfenster oder abgedunkelte Scheiben, wenn Sie dort Pflanzen stellen wollen.

15 Freuen Sie sich, wenn es im Winter viel Schnee gibt! Wenn der Schnee den Boden bedeckt, reflektiert er viel Licht ins Haus – ideal während der dunklen Wintertage.

Kapitel 2

Gießen und Düngen

Wenn Sie den Platz mit der idealen Beleuchtung für Ihre Pflanzen gefunden haben, müssen Sie sich mit dem richtigen Gießen befassen. Zu viel oder zu wenig Wasser ist die Todesursache Nummer eins für Pflanzen, und die Entscheidung, wann eine Pflanze Wasser braucht, stellt viele vor ein Rätsel. Ein verbreiteter Irrglaube ist übrigens, dass regelmäßige Düngergaben alle Probleme lösen würden. Obwohl er ein wichtiger Faktor bei der Pflanzenpflege ist, kann Dünger keine Wunder wirken. In diesem Kapitel wollen wir die Mythen zerstören, die sich um diese beiden wichtigen Bedingungen für gesunde Pflanzen ranken. Es ist nämlich nicht so schwierig herauszufinden, wann und wie Sie Ihre Zimmerpflanzen gießen und düngen müssen.

WASSER FÜR IHRE PFLANZEN

Wenn Sie vor der Frage stehen, wann und wie viel Sie gießen sollten, sind die Angaben auf den Pflanzensteckern oder -etiketten oft ein Problem.

Bevor Sie die Anweisungen des Steckers befolgen, sollten Sie wissen, welche Faktoren die Wasseraufnahme der Pflanze beeinflussen. Wenn Sie zum Beispiel wöchentlich einen Viertelliter Wasser gießen sollen, berücksichtigt diese Anweisung nicht das Wetter. Vielleicht ist es gerade kalt oder bewölkt oder ihre Pflanze war kürzlich nicht durstig. Vielleicht bekommt ihre Pflanze auch weniger Licht, als sie eigentlich braucht, dann benötigt sie auch weniger Wasser als angegeben. Nutzen Sie die Angaben nur als Einstieg und nicht als in Stein gemeißelte Regel.

Statt nach einem starren Plan zu gießen, sollten Sie Ihre Pflanzen nach Plan kontrollieren. Wenn Sie im Sommer eine Klimaanlage nutzen und im Herbst heizen, wird die Luftfeuchtigkeit im Haus geringer, was die Pflanzen schneller austrocknen lässt. In diesen Zeiten benötigen sie so lange mehr Wasser, bis sie sich an die neuen Umweltbedingungen gewöhnt haben.

Denken Sie daran: eine Woche kaltes und regnerisches Wetter bedeutet weniger Wassergaben, dagegen eine Woche mit heißen Sonnentagen mehr Wasserbedarf. Berücksichtigen Sie diese Faktoren beim Gießen.

Wann muss man gießen?

Es gibt unterschiedliche Möglichkeiten, den Wasserbedarf zu kontrollieren. Viele Leute schwören auf einen Feuchtigkeitsmesser, dessen Sonde ins Substrat gesteckt wird und der die Feuchtigkeit auf einer Farbskala anzeigt. Das Ergebnis kann aber durch den unterschiedlichen Salzgehalt im Substrat, verursacht durch Dünger, verfälscht werden. Alternativ können Sie den Topf nach dem Gießen anheben, um sein Gewicht zu spüren. Bei der nächsten Kontrolle heben Sie ihn wieder an. Wenn er sich merklich leichter anfühlt, ist es wieder Zeit zu gießen. Hat sich das Gewicht nicht oder nur wenig verändert, braucht die Pflanze kein Wasser.

Ich kann oft erkennen, ob eine Pflanze gegossen werden muss oder nicht, wenn ich sie nur anschaue. Durstige Pflanzen sind manchmal heller grün als normal – das ist oft bei Farnen der Fall. Diese Kenntnisse stellen sich aber erst nach langer Erfahrung mit der Pflanzenpflege ein.

Wenn Sie unsicher sind, wann Sie gießen müssen, heben Sie die Pflanze nach dem Gießen an, um ihr Gewicht zu fühlen. Fühlt sie sich beim nächsten Anheben viel leichter an, wissen Sie, dass sie Wasser braucht.

Wenn Ihre Pflanze welk aussieht, kann es an Wassermangel liegen. Prüfen Sie dennoch das Substrat, bevor Sie gießen, denn welke Pflanzen können auch unter zu viel Wasser leiden.

Bekommt eine Pflanze zu wenig Wasser und wird welk, kann dies nämlich zu Schäden an den Wurzeln führen, die sogar absterben und kein Wasser mehr aufnehmen können. Wenn die Pflanze welk aussieht, werden Sie möglicherweise zur Gießkanne greifen, aber in diesem Fall hilft Gießen nicht – die aufgrund von Wassermangel vertrockneten Wurzeln würden nur verrotten, die Pflanze bliebe welk und wäre nicht mehr zu retten.

Wenn Sie die Pflanze austopfen und feststellen, dass die Wurzeln schwarz und matschig sind und möglicherweise auch noch übel riechen – gibt es dann noch Hoffnung? Scheinen die grünen Teile noch lebendig, haben Sie eine Chance, dass die Pflanze überlebt. Waschen Sie das anhaftende Substrat aus den Wurzeln und prüfen Sie, ob noch gesunde vorhanden sind. Schneiden Sie die toten Wurzeln ab und setzen Sie die Pflanze in frisches Substrat. Viele Pflanzen erholen sich wieder und verlieren allenfalls ein paar Blätter. Dies sollte aber nicht der übliche Weg sein, um festzustellen, ob eine Pflanze Wasser braucht.

Um zu erkennen, ob man gießen muss, ist es am einfachsten, einen Finger ins Substrat zu bohren. Wenn es sich am ersten oder zweiten Knöchel feucht anfühlt, müssen Sie nicht gießen. Ist alles trocken, geben Sie Wasser. Bei großen Pflanzen in tiefen Töpfen genügt diese Probe nicht. Die Erde kann oben trocken sein, weiter unten aber noch feucht genug. Nehmen Sie ein Holzstöckchen zu Hilfe, stecken Sie es so tief wie möglich in den Topf und lassen Sie es dort für einen Moment. Wie man beim Backen mit einem Holzstäbchen prüft, ob der Teig gar ist, zeigt feuchtes Substrat an der Spitze, dass Sie noch nicht gießen müssen; Gießen Sie, wenn das Stöckchen kaum noch feucht wird und lassen Sie die Pflanze niemals ganz austrocknen.

Wie viel muss man gießen?

Sie haben erkannt, dass Ihre Pflanze Wasser braucht, aber wie viel? Ist sie ein Kaktus oder eine andere Sukkulente, nur einen Fingerhut voll, oder etwa nicht? Dies dachte ich zunächst, denn ich fürchtete, sie zu überschwemmen. Andererseits, wenn die Pflanze viel Wasser braucht, kann man es im Untersetzer stehen lassen, stimmt das auch? Die Antwort auf beide Fragen ist nein. Jede Pflanze wird auf dieselbe Weise gegossen: bis Wasser aus dem Loch im Boden rinnt.

Der Unterschied ist, wie lange es dauert, bis Sie erneut gießen müssen. Kakteen und andere Sukkulenten können es monatelang ohne erneutes Wässern aushalten, ein Farn oder ein Einblatt kann schon nach wenigen Tagen die Blätter hängen lassen und neues Wasser benötigen. Lassen Sie keine Pflanze länger als 30 Minuten im Wasser stehen, um sicherzugehen, dass sie ausreichend Wasser aufgenommen hat. Ist nicht alles Wasser aufgesogen, schütten Sie den Rest weg. Ist die Pflanze zu schwer, entfernen Sie das überschüssige Wasser aus dem Untersetzer mit einer Bratensaftspritze.

Von oben gießen

Das Wasser von oben auf das Substrat zu gießen ist die gebräuchlichste Gießmethode. Dabei sollten Sie das gesamte Substrat gleichmäßig befeuchten und nicht immer nur auf die gleiche Stelle gießen. Das ist besonders wichtig bei großen Töpfen. Das Wasser muss alle Wurzeln erreichen; wenn man nur auf eine kleine Stelle gießt, können Wurzeln anderswo im Topf austrocknen und absterben. Ihre Pflanze kann leiden, obwohl Sie überzeugt sind, genügend gegossen zu haben, weil das Wasser nicht den gesamten Wurzelstock erreicht.

Diese Efeutute weist Zeichen von Welkheit auf, da sich die Blätter einrollen. Nach dem Gießen wird sie sich wieder erholen.

Die hängenden Blätter des Fensterblatts zeigen deutlich, dass die Pflanze Wasser braucht. Nach dem Gießen richten sich die Blätter wieder auf.

ÜBERTÖPFE

Gefäße ohne Abzugsloch im Boden sollten Sie in der Regel nicht direkt bepflanzen, sondern als Übertopf nutzen. Mit einem schönen Übertopf können Sie Ihre Pflanze aufwerten und Ihrem Wohnungsstil anpassen. Die Pflanze bleibt in ihrem – oft weniger schönen – Pflanztopf, der damit versteckt wird. Nehmen Sie die Pflanze zum Gießen heraus und stellen Sie sie in einen Untersetzer, bis sie genügend Wasser aufgesogen hat, dann kommt sie zurück in den Übertopf. Damit vermeiden Sie das Problem, dass sie zu lange im Wasser stehen könnte.

Wenn eine Pflanze zu sehr ausgetrocknet ist, kann sich das Substrat vom Topfrand zurückziehen. Tauchen Sie die Pflanze in einen Eimer Wasser oder gießen Sie von unten in den Untersetzer, damit das Substrat komplett durchfeuchtet wird.

UNTERSETZER

Wenn Sie Ihre Pflanzen gießen, fließt überschüssiges Wasser durch das Loch im Topfboden, das dafür auch gedacht ist. Zum Auffangen des Wassers brauchen Sie einen Untersetzer. Es gibt sie in verschiedenen Qualitäten und Farben aus Kunststoff sowie aus Ton und Terrakotta, rund oder quadratisch. Wenn Sie große Pflanzen haben, die sich schwer bewegen lassen, können Sie dafür Untersetzer mit Rollen kaufen. Ich halte in Secondhandläden und auf Flohmärkten auch Ausschau nach Glasaschenbechern oder flachen Backformen, die meine Pflanzen in ein besonderes Licht rücken.

Von unten gießen

Manche Leute gießen ihre Pflanzen lieber von unten, indem sie das Wasser in den Untersetzer gießen, damit die Pflanze es aufsaugt. Wenn das Substrat oben im Topf feucht ist, wissen Sie, dass Sie genügend Wasser gegeben haben. Wenn das Substrat oben trocken bleibt, müssen Sie noch Wasser nachgießen. Diese Methode garantiert die gleichmäßige Befeuchtung des gesamten Substrats, weil Sie sehen können, wenn die Feuchtigkeit nach oben gestiegen ist. Wenn die Pflanze genügend Wasser bekommen hat, schütten Sie den Rest weg. Lassen Sie kein Wasser längere Zeit im Untersetzer stehen, weil es sonst die Wurzeln schädigen könnte.

Von unten zu gießen funktioniert gut, aber wenn Sie Dünger dazugeben, können sich die Salze unten anreichern und die Pflanze schädigen. Gießen Sie deshalb einmal monatlich von oben, um die überflüssigen Salze auszuspülen. Lassen Sie das Wasser durch das Loch im Topfboden rinnen und gießen Sie es weg.

Tauchen

Das Pflanzsubstrat, in dem Sie Ihre Pflanzen kaufen, enthält oft immer noch Torf. Trocknet er aus, zieht sich das Substrat von den Topfrändern zurück. Dann rinnt das Gießwasser seitlich durch und befeuchtet das Substrat nicht mehr gleichmäßig. Um das rückgängig zu machen, tauchen Sie den Topf vollständig in einen Eimer mit klarem Wasser. Kunststofftöpfe müssen Sie wahrscheinlich mit Steinen oder anderen schweren Gegenständen beschweren, damit sie nicht aufschwimmen. Das Tauchen bewirkt, dass der Torf aufquillt und den Topf wieder komplett füllt. Sollte das nicht klappen, wird es Zeit, die Pflanze in frisches Substrat umzutopfen oder zumindest Substrat aufzufüllen.

Urlaubszeit

Wenn Sie eine Woche oder länger verreisen, müssen Sie Vorkehrungen treffen, damit Ihre Pflanzen während Ihrer Abwesenheit nicht verdursten. Am besten ist natürlich, wenn Sie eine vertrauenswürdige Person haben, die Ihre Pflanzen nach Ihren Anweisungen versorgt. Oder Sie stellen Ihre Pflanzen neben ein volles Waschbecken und sichern die Bewässerung mit Hilfe von langen, breiten Schnürsenkeln, die Sie in das Substrat stecken und deren anderes Ende ins Wasser legen. Das Wasser steigt in den Bändern hoch und befeuchtet das Substrat. Sie können auch durchsichtige Kunststoffbeutel über die Pflanzen stülpen – zum Beispiel die Plastikhüllen, die in der Reinigung Ihre Kleidung schützen –, damit das Wasser nicht so schnell verdunstet. Verwenden Sie dünne Stöcke, zum Beispiel Schaschlikspieße, um die Folie von den Blättern fernzuhalten. Stellen Sie die Pflanzen vom Fenster weg, damit sie weniger Licht bekommen und daher weniger Wasser brauchen. Es gibt auch spezielle Tonkegel, die ein Wasserreservoir haben und das Wasser langsam abgeben, oder Kunststofftöpfe mit Wasserreservoir.

Während des Urlaubs ist die Bewässerung mit einem Docht oder Schnürsenkel eine gute Wahl. Stecken Sie das eine Ende ins Substrat und legen Sie das andere ins Waschbecken oder einen Eimer mit Wasser. Das Wasser steigt auf und hält das Substrat feucht.

Die richtige Bewässerung für Ihre Pflanzen zu finden – weder zu viel noch zu wenig –, kann entmutigend sein. Aber wenn Sie Ihre Pflanzen oft kontrollieren und beobachten, wird Ihnen das Gießen bald leicht fallen.

MACHEN SIE SICH NOTIZEN

Wir sind oft so beschäftigt, dass wir uns nicht genau erinnern, wann wir gegossen und gedüngt haben. Mir geht es auch so – daher trage ich die Daten in meinem Kalender ein. Sie können auch ein Pflanzentagebuch führen oder ein sogenanntes Bullet Journal – eine Art selbstgestaltetes Tagebuch und Terminplaner in einem. Ich nutze Washi-Tape (leicht zu entfernendes Dekoklebeband) und füge Skizzen meiner Pflanzen ein. Auf Pflanzensteckern notiere ich mit einem wasserfesten Stift, wichtige Informationen, z. B. wann sie umgetopft werden müssen.

PFLANZEN DÜNGEN (EIN KICK FÜR VITALITÄT)

Licht ist die Nahrungsquelle für Ihre Pflanzen.

VIELE LEUTE GLAUBEN, dass ihre Pflanze gut versorgt sei, wenn sie nur ausreichend gedüngt wird. Ich sehe das Düngen aber eher als Vitaminstoß an. Anders als wir Menschen brauchen Pflanzen aber keine täglichen Vitamingaben.

Oft wird empfohlen, monatlich zu düngen. Das geht einher mit der Empfehlung, wöchentlich zu gießen, ob die Pflanzen es brauchen oder nicht. Eine allgemeine Regel ist, bei jedem vierten Gießen zu düngen – das entspricht dem Einmal-im Monat-Prinzip. Tatsächlich kann man öfter oder seltener gießen als viermal im Monat. Das hängt ganz von der Pflanze, ihrem Topf, ob die Wurzeln den Topf ausfüllen, dem Wetter und der Jahreszeit ab.

Ich schlage dagegen vor, statt der empfohlenen Düngermenge bei jedem vierten Gießen bei jedem Gießen ein Achtel bis ein Viertel davon zu geben. Damit profitieren Ihre Pflanzen von einer ständigen Ernährung, statt von einer hohen Dosis auf einmal.

Welche Art von Dünger Sie verwenden, ist Ihnen überlassen. Die meisten Düngerarten sind sogenannte NPK-Dünger, auch Volldünger genannt. Sie enthalten vor allem Stickstoff (N), Phosphor (P) und Kalium (K). Stickstoff fördert das Wachstum, Phosphor sorgt für starke Wurzeln und bei Blühpflanzen für leuchtendere, größere und haltbarere Blüten. Aber es ist nicht der Dünger, der die Pflanzen blühen lässt – die einzige Voraussetzung dafür ist die richtige Menge an Licht. Kalium schließlich ist für die Gesundheit der Pflanzen zuständig. Es steigert

Es gibt unterschiedliche Düngerarten, künstliche und organische. Im Uhrzeigersinn von oben nach unten: organischer Flüssigdünger, Langzeitdünger-Granulat, wasserlöslicher Pulverdünger (bei uns nicht üblich), Düngerstäbchen.

ihre Widerstandskraft gegen Trockenheit und Kälte. Ansonsten enthält Dünger unterschiedliche weitere Mikronährstoffe, die Pflanzen brauchen, sowie Substanzen, die den Dünger für die Pflanzen verwertbar machen. Auf der Verpackung ist angegeben, welche Stoffe und in welchen Anteilen diese enthalten sind.

Düngerarten

Grundsätzlich unterscheidet man zwischen zwei Arten: organischem (Bio-)Dünger und Kunstdünger. Beide haben ihr Für und Wider und beide nützen Ihren Pflanzen, wenn sie korrekt angewendet werden.

Zunächst zum Kunstdünger. Die Pflanzen nehmen ihn schnell auf, aber wenn Sie zu viel geben, können die Blätter verbrennen und die gesamte Pflanze kann Schaden nehmen. Am gebräuchlichsten ist der Flüssigdünger, der überall erhältlich ist. Auf der Flasche ist angegeben, wie viel Dünger mit einer bestimmten Menge Wasser vermischt werden muss. Langzeitdünger in granulierter Form wird beim Umtopfen mit dem Substrat vermengt; er löst sich langsam beim Gießen und gibt kontinuierlich Nährstoffe ab. Oft sind Pflanzen schon damit gedüngt, wenn Sie sie kaufen. Sie erkennen die kleinen Kügelchen, weil sie eine andere Farbe als das Substrat haben. Diese Düngung reicht für etwa drei Monate; düngen Sie neue Pflanzen mit Langzeitdünger also erst danach. Manche Gärtner warnen allerdings davor, da er nicht so gut dosiert werden kann wie der Flüssigdünger. Schließlich gibt es noch die Düngerstäbchen, die ebenfalls Langzeitdünger sind. Je nach Topfgröße steckt man mehrere gleichmäßig verteilt am Topfrand ins Substrat. Doch damit konzentriert sich der Dünger an bestimmten Stellen, kann einerseits die Wurzeln schädigen, andererseits nicht den gesamten Wurzelstock erreichen.

Wenn die Blätter heller werden und die Adern dunkler oder umgekehrt, kann das an Düngermangel liegen.

Die andere Düngerart ist organisch, das bedeutet, dass sie aus den Rückständen von Pflanzen und/oder Tieren besteht. Organische Dünger geben die Nährstoffe langsam an die Pflanzen ab. Ein Beispiel dafür ist Fischemulsion, die man kaufen oder selber herstellen kann – Rezepte dafür gibt es im Internet. Ein anderer organischer und sehr effektiver Dünger ist die

Kräuterjauche, zum Beispiel die Brennnesseljauche, die man einfach herstellen kann und die außer der Düngewirkung auch vor Blattläusen schützt. Allerdings entstehen bei der Herstellung üble Gerüche, die man mit der Zugabe von etwas Gesteinsmehl bekämpft.

Diese und andere organische Dünger schädigen Ihre Pflanzen weniger, falls Sie sie einmal überdosieren oder wenn etwas davon auf die Blätter kommt.

Sie müssen vielleicht verschiedene Dünger ausprobieren, bis Sie den finden, der am besten für Ihre Pflanzen geeignet ist. Es gibt auch Spezialdünger für verschiedene Pflanzen, zum Beispiel für Kakteen und andere Sukkulenten, für Orchideen oder Bonsai. Sie brauchen sie nicht zwingend für diese Pflanzen, aber sie sind für die jeweilige Pflanzenfamilie ideal zusammengesetzt und ersparen Ihnen Zweifel, ob Sie richtig düngen.

Wann und wie viel düngen?

Wie oft sollten Sie düngen? Wie schon auf Seite 31 erwähnt, können Sie bei jedem vierten Gießen die volle empfohlene Menge geben oder bei jedem Gießen ein Achtel bis ein Viertel davon. Aber weil Zimmerpflanzen drinnen leben, empfehle ich nicht die volle Dosis. Vergessen Sie den Spruch »viel hilft viel« und nehmen Sie nie mehr als die empfohlene Menge.

Sie sollten auch nicht das ganze Jahr über düngen, sondern nur während der Hauptwachstumszeit, in der Regel von März bis September. Wenn Sie im Frühjahr neues Wachstum bemerken, fangen Sie an zu düngen, und wenn im Herbst die Tage kürzer werden, hören Sie damit wieder auf. Das Pflanzenwachstum stagniert bei zunehmender Dunkelheit, die Pflanzen brauchen keinen Dünger mehr und können ihn auch nicht nutzen.

Außerdem kann zu viel Dünger gravierende Schäden an Ihren Pflanzen verursachen; sie können dadurch sogar eingehen. Üblicherweise verbrennt ein Übermaß an Dünger die Pflanze, das heißt, sie wird schwarz und stirbt ab. Wenn es sich dabei nur um einen Teil handelt, können Sie die Pflanze austopfen, das Substrat aus den Wurzeln auswaschen, um den überschüssigen Dünger zu entfernen, die abgestorbenen Teile entfernen und den Rest in neues Substrat umtopfen.

Wenn Sie eine kränkelnde Pflanze haben, scheint es naheliegend, sie zu düngen, um ihr zu helfen, aber eine welke Pflanze darf nicht gedüngt werden. Stattdessen sollten Sie ergründen, was das Problem verursacht, und Abhilfe schaffen. Hat die Pflanze viele gelbe Blätter, Verfärbungen oder erscheint schlaff, kann es an ihrem Standort liegen. Vielleicht braucht sie mehr Licht oder muss mehr oder weniger gegossen werden. Sie kann von Schädlingen oder Krankheiten befallen sein und muss behandelt werden. Machen Sie ein Foto oder nehmen Sie ein Blatt ab und lassen Sie sich von einem Gärtner beraten. Entfernen Sie alle gelben und braunen Blätter – sie werden nicht wieder grün.

Wenn hellgrüne Blätter dunkle Adern bekommen oder umgekehrt, kann das tatsächlich an einem Düngermangel liegen. Nach dem Düngen ändert sich das wieder.

Der Schüssel zu gesunden und schönen Pflanzen ist, ihnen Aufmerksamkeit zu schenken. Wenn Sie sie in einer Ecke verkümmern lassen und nur als Dekoobjekt behandeln statt als Lebewesen, dürfen Sie sich nicht wundern, wenn Probleme auftreten. Möchten Sie nur etwas Grünzeug zur Dekoration, wären künstliche Blumen die bessere Wahl. Bieten Sie Ihren Pflanzen das nötige Licht, Wasser und Dünger, und sie werden es Ihnen mit ihrer Schönheit danken.

KLIMA UND ATMOSPHÄRE

Unsere Pflanzen mussten den für sie idealen Lebensraum verlassen, um mit uns zu leben.

Die einzige Aufgabe der Gärtnerei bestand darin, die Pflanzen mit der idealen Menge an Licht, Wasser, Dünger und Aufmerksamkeit zu versorgen und sie so gesund und schön aufwachsen zu lassen, dass sie sich gut verkaufen. Dann bringen wir sie nach Hause, wo wir versuchen, sie so gut wie möglich zu hegen und zu pflegen. Dennoch können wir nicht die optimalen Bedingungen schaffen, die sie gewohnt sind. Diese Erfordernisse und wie wir sie optimieren können betrachten wir nun näher.

Temperatur

Pflanzen werden meist in viel wärmerem Klima aufgezogen, als bei uns zu Hause herrscht. In der Wohnung fühlen sie sich aber meist auch bei den gleichen Temperaturen wie wir wohl – zwischen 18 und 24 °C. Wenn Sie die Temperatur nachts absenken, mögen das ihre Pflanzen auch; sie bevorzugen es nachts bis zu 10 °C kälter.

Luftfeuchtigkeit

Im Winter kann sich das Klima in unseren Wohnungen wie in der Sahara anfühlen, sowohl für unsere Haut als auch für unsere Pflanzen. Die meisten Zimmerpflanzen stammen aus den tropischen Zonen, wo eine Luftfeuchtigkeit von 80 bis 90 % herrscht. In beheizten Wohnungen kann die Luftfeuchtigkeit dagegen bei weniger als 20 % liegen. Pflanzen fühlen sich aber bei höherer Luftfeuchtigkeit wohler. Wie können wir dafür sorgen?

Viele Leute besprühen ihre Pflanzen, aber das hilft nur kurze Zeit. Außerdem kann das Wasser Kalkflecken auf den Pflanzen hinterlassen, daher nur mit abgekochtem oder destilliertem Wasser sprühen. Wenn zu viel Wasser auf den Blättern bleibt, kann das Krankheiten begünstigen. Ein Luftbefeuchter in der Nähe der Heizung bzw. der Pflanzen ist ideal. Ist das nicht möglich, stellen Sie die Pflanzen in Gruppen zusammen, um die Feuchtigkeit um sie herum zu erhöhen.

Wenn Sie nur wenige Pflanzen haben, die aber unterschiedliche Lichtverhältnisse benötigen, können Sie die Luftfeuchtigkeit individuell regulieren, indem Sie die Töpfe mit Untersetzer auf eine mit kleinen Kieseln gefüllte Schale stellen, die größer ist als der Untersetzer. Füllen Sie die Schale mit Wasser auf bis zur Oberseite der Kiesel. Sie können den Topf auch ohne Untersetzer direkt auf die Kiesel stellen, solange er nicht direkt im Wasser steht. Das Wasser verdunstet langsam und erhöht damit die Luftfeuchtigkeit um die Pflanze herum. Füllen Sie daher regelmäßig Wasser nach.

Luftzirkulation

Luftzirkulation scheint ein ungewöhnliches Thema zu sein, aber stehende Luft schadet der Gesundheit Ihrer Pflanzen. Bewegte Luft hält Schädlinge ab, stärkt die Stämme und Stängel der Pflanzen und hält die Blätter trocken, was Krankheiten vorbeugt. Lüften Sie regelmäßig oder stellen Sie einen Ventilator in der Nähe auf. Etwas bewegte Luft tut Ihren Pflanzen gut.

Sie wünschen sich leicht zu pflegende, gesunde Pflanzen, die Ihr Zuhause schöner machen. Wenn Sie die richtigen Bedingungen schaffen, werden Sie dieses Ziel auch erreichen und sich viele Jahre lang an Ihren Pflanzen freuen können.

Ein Ventilator verbessert die Luftzirkulation, da Pflanzen keine stehende Luft mögen. Mit einer Pflanzenschere können Sie Pflanzen beschneiden, mit Schnur oder Pflanzendraht hängende Zweige aufbinden, und mit Kieseln und Wasser gefüllte Schalen sorgen für Luftfeuchtigkeit.

Um die Luftfeuchtigkeit zu verbessern, stellen Sie Ihre Pflanzen auf mit Kieseln und Wasser gefüllte Schalen. Sie dürfen aber nicht im Wasser stehen, weil sonst die Wurzeln verrotten könnten.

GRÜNE FENSTERDEKORATION

Werden die Triebe Ihrer Efeutute oder Ihres Kletterphilodendrons zu lang? Hängen sie bis auf den Boden und Ihre Katzen spielen damit? Dann stellen Sie die Pflanze doch ans Fenster und arrangieren Sie eine grüne Fensterumrahmung damit. Es gibt mehrere Möglichkeiten: Sie können Nägel in die Wand schlagen, um die Triebe darauf abzulegen. Wandhaken eignen sich noch besser und sind ebenfalls einfach anzubringen. Wenn Sie keine Löcher in die Wand bohren möchten, nehmen Sie Klebehaken oder solche mit Saugnäpfen, die zwar nur auf glattem Untergrund halten, aber rückstandslos wieder entfernt werden können. Welch attraktiver Rahmen für Ihren Blick aus dem Fenster!

Klebehaken sind eine gute Lösung, um Pflanzentriebe um ein Fenster herum oder an einer Wand zu arrangieren. Achten Sie darauf, dass der Haken den Trieb nicht einengt und zukünftiges Wachstum behindert oder die Pflanze beschädigt. Überprüfen Sie das von Zeit zu Zeit.

Wenn Sie ein Fenster mit Pflanzentrieben einrahmen wollen, können Sie sie auf kleinen Nägeln drapieren oder auf Klebehaken, wenn Sie die Wand nicht beschädigen wollen.

Kapitel 3

Hegen und Pflegen

Es ist aufregend, eine neue Pflanze ins Haus zu holen – wie ein neues Haustier, das man jedoch nicht im Regen Gassi führen muss. Wenn Sie den passenden Standort für sie gefunden haben, wird sie Ihr Zimmer freundlicher machen und Ihnen jeden Tag Freude schenken. Im Laufe der Zeit wird Ihnen die Pflege der Pflanze – und vielleicht auch mit ihr zu reden – in Fleisch und Blut übergehen und die Zeit, die Sie dafür aufwenden, als eine Art Meditation erscheinen. In diesem Kapitel erfahren Sie alles Wichtige über den Pflanzenkauf und das Umtopfen, das sicherstellt, dass die Pflanze im geeigneten Substrat ihr ganzes Potenzial entfalten kann. Außerdem finden Sie praktische Tipps, wie Sie Schädlinge und Krankheiten erkennen und was Sie dagegen tun können.

PFLANZENKAUF

Wenn Sie eine Pflanze optimal ziehen wollen, sollten Sie eine gesunde Pflanze kaufen.

Kaufen Sie ihre Pflanzen in einer guten Gärtnerei oder einem Pflanzencenter, wo Sie sicher sein können, von Fachpersonal gut beraten zu werden. In Super- und Baumärkten denkt oft keiner daran, dass Pflanzen auch Pflege brauchen, und man wird erst tätig, wenn die Pflanzen kurz vor dem Verdursten sind. Gärtnereien und Pflanzencenter haben Personal, das sich in erster Linie um die Pflanzen kümmert und sich auch auskennt.

Überlegen Sie es sich zweimal, bevor Sie eine Pflanze zu einem herabgesetzten Preis kaufen – sie ist oft nicht mehr zu retten. Und kaufen Sie keine Pflanzen, die draußen in der vollen Sonne stehen, vom Wind gebeutelt und mit Sonnenbrand. Das sollten Sie besonders beherzigen, wenn Sie zum ersten Mal eine Pflanze kaufen. Wählen Sie eine gesunde Pflanze ohne gelbe oder welke Blätter.

Stellen Sie sie daheim an einen Platz, an dem sie vermutlich genügend Licht bekommt. Als Pflanzenfan weiß ich, wie leicht man sich verführen lässt und aus einem Impuls heraus Pflanzen kauft. Wenn ich das tue, ist mir normalerweise bewusst, ob die Pflanze bei mir überleben kann, weil ich weiß, wie viel Licht meine Fenster bieten und wie viel Platz ich dort habe. Wenn Sie aber zum ersten Mal eine Pflanze kaufen und keine Ahnung haben von Ihren häuslichen Lichtverhältnissen, sollten Sie sich zuvor ein bisschen schlau machen.

Wie finden Sie nun die perfekte Pflanze? Suchen Sie sich eine mit gesundem Grün heraus, die aufrecht im Topf steht (außer Hänge-, Kletter- und Schling-

Kaufen Sie Zimmerpflanzen in einer Gärtnerei oder einem Gartencenter mit Fachpersonal, das Ihnen hilft, für Ihre Wohnung geeignete Pflanzen zu finden, und Ihnen Pflegetipps gibt.

Auch wenn Sonderangebote verlockend sind, ist es besser, mit gesunden Pflanzen zu beginnen. Warum eine Pflanze ins Haus holen, die von vornherein eine Herausforderung darstellt?

pflanzen natürlich) und die gut gegossen ist. Das bedeutet nicht, dass sie im Wasser stehen sollte. Ist der Untertopf voll Wasser, lassen Sie die Pflanze links liegen. Man weiß nie, wie lange die Pflanze bereits im Wasser steht und ob die Wurzeln nicht schon geschädigt sind. Gut gegossen heißt, dass das Substrat sich feucht anfühlt, weder knochentrocken noch durchnässt. Beachten Sie auch die Blattspitzen: Sind sie braun oder gar schwarz? Das deutet auf unregelmäßiges Gießen, das die Pflanzen zu sehr austrocken ließ, bevor sie wieder gegossen wurden. Ein oder zwei gelbe Blätter an einer ansonsten gutgewachsenen Pflanze mögen nicht problematisch sein – die Pflanze muss sich gerade an schlechtere Umweltbedingungen gewöhnen, wenn sie aus ihrem Gewächshaus mit Idealbedingungen kommt. Verliert sie dabei ein paar Blätter, ist das der normale Akklimatisierungsprozess.

Wenn viele Wurzeln unten aus dem Topf wachsen, muss die Pflanze umgetopft werden. Schauen Sie sich die Unterseite der Blätter und die Blattachseln an (die Stelle, an der die Blätter am Ast oder Stängel sitzen), um zu prüfen, ob dort Schädlinge oder Insekteneier anhaften. Wenn Sie Ihre Lieblingspflanze ausgesucht, inspiziert und für gut befunden haben – kaufen Sie sie.

Nach dem Bezahlen lassen Sie die Pflanze einpacken, am besten in Papier. Dies ist vor allem im Winter wichtig, aber auch im Herbst und Frühjahr an kalten und ganz besonders an windigen Tagen. Es lässt mich schaudern, wenn ich sehe, dass unverpackte Zimmerpflanzen das Gartencenter im offenen Laderaum eines Pickups verlassen. Sie vertragen weder den Fahrtwind noch die Kälte und dieser Schock kann zuvor schöne, gesunde Pflanzen eingehen lassen. Wenn Sie Ihre neue Pflanze sicher nach Hause gebracht haben, beobachten Sie sie einige Wochen lang sehr aufmerksam, um festzustellen, ob sie sich gut eingewöhnen und sich keine Überraschungsgäste (Schädlinge) eingestellt haben.

Umtopfen

Die meisten Zimmerpflanzen werden in praktischen, aber unattraktiven und leichten Plastiktöpfen verkauft, die geradezu danach verlangen ausgetauscht zu werden. Wenn Sie sie in einen schöneren und schwereren (Standfestigkeit!) Topf umsetzen möchten, wählen Sie einen derselben Größe oder, falls nötig, nur etwas größeren. Nehmen Sie die Pflanze vorsichtig aus dem Topf (wenn sie festsitzt, kann man den Plastiktopf seitlich etwas kneten, so dass sich der Wurzelballen löst) und setzen Sie sie in den neuen. Sie sollte genau so hoch sitzen wie zuvor. Oft werden Pflanzen zu tief gesetzt, so dass Teile des Stamms oder der Blätter mit

Substrat bedeckt werden; das kann die Pflanze verrotten lassen. Wenn nur der Wurzelansatz bedeckt ist, ist die Pflanze optimal eingetopft. Haben Sie sie zu tief eingepflanzt, entfernen Sie das überflüssige Substrat und topfen Sie die Pflanze neu ein.

Wenn ein Topf völlig durchwurzelt ist wie bei der Grünlilie links, lockern Sie den Wurzelstock auf (Mitte), setzen die Pflanze in einen größeren Topf und füllen Substrat auf. Achten Sie darauf, dass die Blätter bzw. der Stamm nicht von Substrat bedeckt werden, und lassen Sie oben einen Gießrand von 1 bis 2 cm frei. So können Sie gießen, ohne dass das Wasser überläuft.

WIE WIRD EINE PFLANZE ZUR ZIMMERPFLANZE?

Ich fragte Mike Rimland, den Pflanzenjäger für die Firma Costa Farms, wie man Pflanzen auswählt, die zu Zimmerpflanzen werden sollen, und wie der Weg aus dem Dschungel auf unsere Fensterbretter aussieht.

Wie findet ein Pflanzenjäger neue Pflanzen?
Ich bereise die subtropischen und tropischen Gegenden der Welt, wo die Pflanzen leben, die wenig Licht brauchen und für drinnen geeignet sind. Diese Pflanzen teste ich dann unter realen Bedingungen in Wohnzimmern und Büros, und das an unterschiedlichen Standorten und Lichtverhältnissen, um sicherzustellen, dass die Pflanzen tatsächlich in Innenräumen zurechtkommen.

Wie testen Sie?
Ich beginne mit den typischen Innenraumbedingungen und dem Minimum an Lichtbedürfnis einer Pflanze, ausgehend von ihrem Stoffwechsel. Außerdem berücksichtige ich ihren Wasserbedarf. Es hat Jahrzehnte mit vielen Versuchen und Rückschlägen gedauert, bis ich alle Faktoren verstanden habe.

Wie lange dauert es, bis eine neue Pflanze marktreif ist?
Es kann vier bis acht Jahre dauern, abhängig von den Versuchen und der Reproduktionszeit, bis die Pflanzen marktreif sind. Wir starten meist mit wenigen Pflanzen, weil es dauert, bis wir so große Bestände haben, dass wir sie in ganz Nordamerika anbieten können.

Wie viele Pflanzen brauchen Sie, um sie erfolgreich auf den Markt zu bringen?
Das hängt von der Pflanze und der Größe des Markts dafür ab. Das Spektrum ist breit, abhängig von der Gattung und vom Verkaufspreis sowie von geographischen Bedingungen. Im Mittel fangen wir mit etwa 50 000 Pflanzen an.

⋙ Nehmen Sie zum Umtopfen nur einen wenig größeren Topf als zuvor; der Topf sollte sozusagen mit der Pflanze wachsen. Wenn Sie einen zu großen Topf wählen, müssen Sie auch sehr viel Substrat einfüllen, das beim Gießen zu viel Wasser aufnimmt. Dadurch könnten die Wurzeln verrotten.

In größere Töpfe umpflanzen

Wenn eine Pflanze gewachsen ist und einen größeren Topf braucht, gehen Sie bei der Topfauswahl schrittweise vor. Hat der ursprüngliche Topf 10 cm Durchmesser, nehmen Sie jetzt einen mit 12 bis 14 cm. Einen Topf mit 14 cm ersetzen Sie durch einen mit 20 cm usw. Wenn Sie einen wesentlich größeren Topf verwenden, kann das problematisch werden. Zu viel Substrat rund um den Wurzelstock kann zu Wurzelfäule führen, weil die Wurzeln nicht alles im Substrat vorhandene Wasser aufnehmen können.

Merken Sie, dass eine Pflanze mehr Wasser als üblich braucht, also öfter als einmal wöchentlich, kann das daran liegen, dass der Topf völlig durchwurzelt ist und die Pflanze ein neues Zuhause benötigt. Topfen Sie die Pflanze aus und inspizieren Sie die Wurzeln. Füllen sie den Topf aus? Gibt es mehr Wurzeln als Substrat? Zeit zum Umtopfen.

Gießen Sie eine Pflanze von oben und das Wasser bleibt auf der Oberfläche stehen und sickert nur langsam nach unten, ist dies ein Zeichen, dass der Topf stark durchwurzelt ist oder das Substrat sich verdichtet hat. Dies lässt ebenfalls vermuten, dass Umtopfen angesagt ist oder die Pflanze zumindest frisches Substrat braucht.

Im umgekehrten Fall rinnt das Wasser einfach durch den Topf, ohne dass das Substrat befeuchtet wird. Das passiert, wenn das Substrat völlig ausgetrocknet und geschrumpft ist, wodurch rund um den Topfrand ein Spalt entsteht. Das Wasser läuft seitlich durch, das Substrat bleibt trocken. Vor allem wenn das Substrat viel Torf enthält, muss damit gerechnet werden. Ein größerer Topf kann nötig werden oder vielleicht nur ein besseres Substrat. Eine kurzfristige Lösung ist, den Topf in einen Eimer Wasser zu tauchen, so dass der Torf Wasser aufsaugt und sich wieder ausdehnt (siehe Seite 29).

Bevor Sie eine Pflanze umtopfen, gießen Sie sie gut. Das hilft, den Wurzelstock unbeschädigt aus dem Topf zu heben und dadurch die Pflanze weniger zu beeinträchtigen. Plastiktöpfe können Sie vorsichtig kneten, damit sich die Pflanze löst. Tontöpfe drehen Sie um und beklopfen den Boden, bis Ihnen die Pflanze in die Hand gleitet. Vielleicht müssen Sie auch ein wenig

Eine kleine Auswahl an Töpfen und Übertöpfen für Ihre Pflanzen. Treffen Sie Ihre Wahl passend zur Einrichtung.

ziehen. Achten Sie aber darauf, nicht Stiel und Blätter zu beschädigen. Funktioniert das nicht, fahren Sie mit einem langen Messer vorsichtig zwischen Topfrand und Substrat entlang, um die Wurzeln vom Topf zu lösen. Wenn das alles nichts nützt, müssen Sie den alten Topf zerstören. Plastiktöpfe kann man einfach zerschneiden, Tontöpfe lassen sich zerbrechen. Zum Glück sind solche drastischen Maßnahmen nur in Ausnahmefällen nötig.

Nachdem Sie die Pflanze ausgetopft haben, inspizieren Sie den Wurzelballen. Wenn er verfilzt ist und die Wurzeln eng beieinanderliegen, ziehen Sie sie vorsichtig auseinander. Sind sie verfärbt und breiig, schneiden Sie sie ab. Normalerweise sind Wurzeln von heller Farbe, glatt und prall, wenn man sie anfasst. Wenn Sie einen dichten Wurzelstock seitlich beschneiden, werden die Wurzeln zu neuem Wachstum angeregt. Sie können größere Pflanzen auch teilen und beide Teile getrennt wieder einpflanzen. Vergessen Sie nicht, im neuen Topf einen Gießrand von 1 bis 2 cm zu lassen, also das Substrat nicht komplett bis zum Rand aufzufüllen. Je größer der Topf, desto mehr Gießrand sollten Sie freilassen.

Die beste Zeit zum Umtopfen ist das Frühjahr, wenn die Pflanzen neu austreiben. Im Herbst dagegen sollte man sie möglichst nicht in größere Töpfe setzen, weil sich während der kürzer werdenden Tage das Wachstum verringert und die Wurzeln durch das zusätzliche Substrat zu viel Wasser bekommen und verrotten können. Neu gekaufte Pflanzen dürfen Sie aber auch im Herbst in schönere Töpfe umsetzen, wenn Sie die gleiche Größe wählen. Falls Sie einen stark durchwurzelten Topf gekauft haben, kann es auch im Herbst nötig werden, der Pflanze einen größeren Topf zu gönnen. Gießen Sie dann während des Winters besonders vorsichtig.

Wenn Sie die Pflanze umgetopft haben, drücken Sie das Substrat vorsichtig an, ohne es zu sehr zu verdichten. Denken Sie daran, dass die Wurzeln auch Sauerstoff brauchen, und wenn das Substrat zu sehr verdichtet ist, leidet die Sauerstoffzufuhr. Gießen Sie nach dem Umtopfen; das ist die beste Methode, dass sich das Substrat setzt.

Drainage

Am wichtigsten bei der Wahl eines Blumentopfs ist das Drainageloch – ohne das geht es nicht. Eine gute Pflanzenpflege ist anspruchsvoll genug, auch ohne dass man sich ständig Sorgen machen muss, ob die Pflanze ertrinkt, weil das Abflussloch fehlt. Durch das Loch fließt überschüssiges Wasser in den Untersetzer und kann weggeschüttet werden.

Es gibt unterschiedliche Arten von Töpfen. Die gebräuchlichsten Materialien sind Ton (Terrakotta), glasierter Ton und Kunststoff. Ton ist porös, und das Wasser kann nicht nur durch das Abzugsloch fließen, sondern auch durch die Topfwand verdunsten. Die Töpfe eignen sich besonders für Pflanzen, die es weniger feucht lieben, wie Kakteen und andere Sukkulenten.

Glasierter Ton ist durch die Glasur versiegelt und lässt kein Wasser durch. Günstig bei Ton und glasiertem Ton ist auch ihr Gewicht. Kopflastige Pflanzen, vor allem wenn sie wenig Wasser brauchen, fallen im Tontopf nicht so leicht um.

Kunststofftöpfe sind nicht porös und deshalb hält sich die Feuchtigkeit länger im Wurzelstock. Kunststoff und glasierte Terrakotta sind eine gute Wahl für Pflanzen, die viel Wasser brauchen, zum Beispiel Farn und Einblatt. Natürlich gibt es noch viele andere Behältnisse, in die Sie Pflanzen setzen können – alles, was das Substrat aufnehmen kann, ist im Prinzip geeignet. Aber vergessen Sie nicht das Drainageloch!

SÄUBERN SIE IHRE TÖPFE!

Wenn Sie alte Töpfe wieder verwenden möchten, machen Sie sie gründlich sauber, bevor eine neue Pflanze einzieht. Waschen Sie den Schmutz ab und legen Sie sie für eine Zeitlang in eine heiße Lösung aus neun Teilen Wasser und einem Teil Essigessenz, um Kalkränder zu entfernen und Krankheitserreger zu beseitigen.

Mit einem Diamantbohrer können Sie ein Abflussloch in einen Topf, der kein Loch hat, bohren. Oder Sie verwenden ihn als Übertopf.

Substrat

Wahrscheinlich ist Ihnen aufgefallen, dass ich immer das Wort Substrat statt Blumenerde benutze. Warum? Viele gängige Substrate enthalten keine oder wenig Erde. Sie wurde ersetzt durch Torf, der aus Torfmooren entnommen wird. Der Torfabbau ist allerdings in den letzten Jahren in Verruf geraten wegen seiner Umweltschädlichkeit, und viele Produzenten sind dazu übergegangen, Torf durch Kokosfasern (Coir) zu ersetzen, ein Nebenprodukt der Kokosnussschalenindustrie, die Fußmatten, Seile und andere Produkte herstellt. Torf und Kokosfasern sind bekannt für ihre wasserspeichernden Eigenschaften. Dazu kommen Perlit und Vermiculit, die bei der Drainage helfen und die Wurzeln vor dem Verrotten schützen, sowie Humus und andere Stoffe.

Die meisten Substrate enthalten auch Dünger; ich rate aber, ein Substrat ohne Dünger zu kaufen, weil es für Zimmerpflanzen besser geeignet ist. Vorgedüngte Substrate sind ideal für Balkon- und Terrassenpflanzen. Viele Zimmerpflanzensubstrate sind auch zu schwer, so dass die Wurzeln nicht genügend Sauerstoff bekommen. Ich schlage vor, zusätzliches Perlit und

Vermiculit unterzumischen, und zwar im Verhältnis je ein Drittel gekauftes Substrat, Perlit und Vermiculit. Vermischen Sie alles gut und befeuchten Sie es, bevor Sie die Pflanzen eintopfen.

DER GIESSRAND

Wenn Sie eine Pflanze umtopfen, füllen Sie das Substrat nicht bis zum Rand auf, sondern lassen Sie einen sogenannten Gießrand frei. Ist der Topf komplett mit Substrat gefüllt, läuft beim Gießen das Wasser leicht über den Rand, nimmt Substrat mit und macht alles schmutzig. Ein kleinerer Topf von 6 bis 12 cm Durchmesser sollte einen 1 bis 2 cm tiefen Gießrand bekommen, bei größeren Töpfen lassen Sie 2 bis 4 cm frei. Das erleichtert das Gießen beträchtlich.

Gekauftes Substrat ist für viele Zimmerpflanzen zu schwer und nimmt zu viel Wasser auf, aber Sie können es leicht verbessern: Mischen Sie je ein Drittel Substrat (oben) mit Vermiculit (links) und Perlit (unten rechts).

BLATTPFLEGE

Ein gepflegtes Äußeres ist für Pflanzen ebenso wichtig wie für Sie selbst.

Obwohl wir uns täglich waschen, lassen wir unsere Pflanzen verstauben und verschmutzen, und das über Monate und Jahre. Denken Sie daran, dass die Pflanzen aus einer idealen Umgebung zu uns kommen. Sie wurden täglich gepflegt und verwöhnt. Obwohl Sie diesen geregelten Tagesablauf der Gärtnerei nicht übernehmen können, sollten Sie Ihre Pflanzen sauber halten, damit sie sich bei Ihnen zu Hause fühlen.

Wenn Sie gießen, stellen Sie sie wenn möglich ins Waschbecken oder in die Badewanne und gönnen ihnen eine leichte Dusche. Damit spülen Sie Staub und Schmutz ab sowie Schädlinge, die sich eventuell auf Ihren grünen Freunden niedergelassen haben. Ist das nicht möglich, nehmen Sie einen feuchten Schwamm oder feuchtes Küchenpapier und wischen Sie die Blätter damit sorgfältig ab. Bevor Sie die nächste Pflanze behandeln, waschen Sie den Schwamm gut aus oder nehmen Sie ein neues Stück Papier, um keine Schädlinge auf die nächste Pflanze zu übertragen. Nur mit sauberen Blättern können Pflanzen das Maximum an Licht aufnehmen.

Falls Sie gehört haben, dass man Milch, Mayonnaise oder Blattglanzspray verwenden sollte, um die Blätter zu säubern und glänzen zu lassen – vergessen Sie es! Mit diesen Produkten verstopfen Sie nur die Poren der Pflanzen. Lebensmittel können auch Insekten anziehen oder unsere Haustiere knabbern an den Blättern, was ihnen sehr schlecht bekommen kann, da viele Zimmerpflanzen giftig sind.

PROBLEME UND LÖSUNGEN

Wenn Sie eine gesunde Pflanze gekauft haben und sie regelmäßig auf Schädlinge und Krankheiten untersuchen, werden Ihnen hoffentlich die meisten Probleme erspart bleiben, die im Leben einer Pflanze auftreten können.

Dennoch kann es irgendwann zu Komplikationen kommen. Beobachten Sie Ihre Pflanzen aufmerksam; das ist der beste Weg, ein Problem zu erkennen, bevor es außer Kontrolle gerät.

Schädlinge

Widmen wir uns zuerst den Schädlingen. Sie können von einer anderen Pflanze übertragen werden, die neu ins Haus kommt, oder es hafteten ihr bereits Eier an, als Sie sie gekauft haben. Oft sind diese Eier so klein, dass sie mit dem bloßen Auge kaum zu erkennen sind, oder sie sehen aus wie etwas Schmutz. Sobald die

Auch Pflanzen werden mit der Zeit staubig, deshalb sollten Sie nicht vergessen, die Blätter von Zeit zu Zeit mit einem feuchten Schwamm zu reinigen. Nur in sauberem Zustand können sie ein Maximum an Licht aufnehmen. Verwenden Sie keine Blattglanzprodukte!

Insekten geschlüpft sind, vermehren sie sich schnell, daher sollten sie möglichst früh entdeckt werden.

Wonach müssen Sie schauen? Ein häufiges Anzeichen für einen Schädlingsbefall ist eine klare, klebrige Substanz auf Blättern oder Stängeln – das ist der sogenannte **Honigtau**, eine süße Ausscheidung von saugenden Insekten. Wenn Sie das sehen, sollten Sie die Pflanze sofort mit Wasser abwaschen. In fortgeschrittenem Stadium setzt sich ein schwarzer Pilz auf den Honigtau, der gut zu erkennen ist. Das Ganze nennt man dann **Rußtau**.

Der Honigtau zieht auch Ameisen an. Entdecken Sie also Ameisen an Ihren Pflanzen, wissen Sie, dass Sie ein größeres Problem haben. Wenn Sie die Ursache beseitigen (siehe Seite 51), werden die Ameisen auch verschwinden.

Wenn Sie eine weiße, watteähnliche Substanz an Ihren Pflanzen finden, können das Wollläuse sein, sich langsam bewegende Insekten.

Woll- und Schmierläuse: Wenn Sie kleine weiße, watteartige Gebilde auf den Blättern oder in den Blattachseln wahrnehmen, sind das Woll- oder Schmierläuse. Sie bewegen sich kaum und saugen Pflanzensäfte. Diese Läuse sind schwer zu bekämpfen, aber mit Geduld können Sie sie unter Kontrolle bringen. Je früher Sie sie entdecken – solange es nur wenige sind –, desto besser.

Tauchen Sie ein Baumwolltuch in Wundbenzin und betupfen Sie jede Laus damit, um sie zu töten. Oder verwenden Sie Neemölspray, ein biologisches Insektizid, das ebenfalls gut wirkt. Es gibt noch andere biologische Insektizide; lassen Sie sich im Fachhandel beraten und beachten Sie die Anwendungshinweise. Chemische Insektizide sollten Sie möglichst nicht in der Wohnung verwenden.

Wollläuse gibt es auch im Wurzelbereich, dort sind sie schwieriger zu entdecken. Wenn Ihre Pflanzen kränkeln und Sie keine Insekten sehen, topfen Sie sie aus und kontrollieren Sie den Wurzelstock auf Wollläuse – sie ähneln Reiskörnern, scheiden ebenfalls Honigtau aus und der Topf kann schmierig sein. Bekämpfen Sie sie mit biologischem Insektizid.

Blattläuse: Diese kleinen Insekten findet man vor allem auf jungen Pflanzentrieben. Man kann sie gut sehen; sie haben aber unterschiedliche Farben: von Schwarz über Grün bis zu Rot und Gelb. Wie die Wollläuse scheiden sie Honigtau aus und ernähren sich von Pflanzensäften. Sie können sie leicht mit einem Wasserstahl abspülen oder mit einem Küchentuch abwischen. Auch ein biologisches Insektizid hilft, wenn nötig. Diese Bekämpfungsmaßnahmen machen Sie am besten im Freien; wenn es zu kalt ist in der Badewanne. Bei der Anwendung von Insektiziden schließen Sie die Zimmertür und lüften Sie gut.

Schildläuse: Diese Insekten ähneln den Wollläusen, aber statt der watteartigen Schutzhülle haben sie einen harten braunen Schild. Nachdem sie einen geeigneten Platz gefunden haben, bewegen sie sich nicht mehr. Sie sind schwieriger zu entdecken, scheiden ebenfalls Honigtau aus, und weil man sie leicht für einen Teil der Pflanze halten kann, können sie sich überall ansiedeln. Denken Sie daran: Immer wenn Sie Honigtau bemerken, steckt ein Insekt dahinter. Suchen Sie

Schildläuse sind kleine Insekten, die unter einer harten braunen Schale leben und sich von Pflanzensäften ernähren. Unbehandelt kann die Pflanze eingehen.

Das weiße Gespinst auf diesem Blatt weist auf ein Problem mit Insekten hin. Auf diesem Blatt leben sowohl Schildläuse als auch Spinnmilben.

die Pflanze sorgfältig ab. Sind nur wenige Schädlinge vorhanden, können Sie sie einfach mit dem Fingernagel ablösen. Bei größerem Befall verwenden Sie Neemöl oder ein systemisches Insektizid.

Spinnmilben: Wenn Sie Blätter entdecken, die fleckig gelb-braun werden, kann das auf Spinnmilben hinweisen. Die winzig kleinen Milben aus der Familie der Spinnen saugen die Pflanzensäfte, was die Blätter verfärbt. Bei starkem Befall sehen Sie die kleinen Spinnweben, die sie produzieren, und vielleicht auch die Milben selber. Sie befallen vor allem ausgetrocknete Pflanzen oder Pflanzen, die in der Nähe eines häufig benutzten Backofens stehen – die niedrige Luftfeuchtigkeit ist für sie wie der Ruf zum Essenfassen. Stellen Sie Ihre Pflanzen dort auf mit Kieseln und Wasser gefüllte Schalen, wie auf Seite 34 beschrieben. Duschen Sie die Pflanzen mit einem möglichst harten Wasserstrahl von unten ab. Anschießend ziehen Sie Plastikbeutel über, wie auf Seite 29 beschrieben, und entfernen diese frühestens nach zwei Wochen – die hohe Luftfeuchtigkeit darunter tötet die Milben ab. Normale Insektizide

Wenn Spinnmilben Ihre Pflanzen angreifen, werden die Blätter fleckig. Die Milben haben die Säfte ausgesaugt, wodurch die hellen Stellen entstanden sind.

nützen bei Spinnmilben nicht, aber Neemöl oder spezielle Spinnmilbenmittel können ebenfalls helfen.

Thripse: Auch die Thripse gehören zu den saugenden Insekten. Sie sind braun, sehr klein, ihre Larven sind gelblich bis hellgrün und sie sitzen an den Blattunterseiten. Bei einem größeren Befall können sie viel Schaden anrichten; die Pflanze reagiert mit Wachstumsstörungen und die Blätter bekommen silbrige Flecken. Thripse lieben trockene Wärme; sorgen Sie also für genügend Luftfeuchtigkeit. Außerdem wirkt Neemöl gut gegen diese Schädlinge.

Weiße Fliegen: Weiße Fliegen sind weiße, fliegende Insekten, aber keine Fliegen, sondern mit den Schildläusen verwandt. Sie sitzen an den Blattunterseiten, wo sie Pflanzensäfte saugen und Ihre Eier ablegen. Wenn Sie die Pflanze bewegen, fliegen sie auf und sind gut zu sehen. Zur Bekämpfung stellen oder hängen Sie am besten sogenannte Gelbtafeln (aus dem Fachhandel) auf. Sie ziehen die Insekten an, die daran kleben bleiben. Neemöl oder andere Insektizide helfen ebenfalls. Sie können auch versuchen, die fliegenden Tiere mit dem Staubsauger einzusaugen, um den Befall zu reduzieren.

Krankheiten

Wenn Ihre Pflanze schwächelt und Sie keine Insekten oder Milben entdecken können, kann es an einer Krankheit liegen. Wonach müssen Sie schauen?

Mehltau: Hier handelt es sich um Pilzsporen, die sich als pudriger Belag auf den Blättern zeigen. Sie werden durch Wasser oder Wind verteilt. Die Kombination aus stehender Luft, wenig Licht und kühlen Temperaturen begünstigen den Befall. Wenn man die befallenen Pflanzen nicht behandelt, kann er sich ausbreiten und sie sogar umbringen. Sorgen Sie für gute Luftzirkulation, stellen Sie die befallenen Pflanzen abseits, damit sich die anderen nicht anstecken, und gießen Sie

Der pudrige Mehltau ist ein Pilz, der die Blätter einer Pflanze mit einer weißen, mehlartigen Substanz bedeckt. Unbehandelt kann die Pflanze eingehen. Der Belag blockiert den Lichteinfall und verhindert die Photosynthese.

so wenig wie möglich. Entfernen Sie befallene Teile und behandeln Sie die Pflanze mit Neemöl oder einem Fungizid.

Kronenfäule: Diese Krankheit zeigt sich oft erst, wenn die Pflanze zusammenfällt. Sie entsteht im Zentrum der Pflanze, wo die Triebe aus dem Substrat kommen (der Krone). Sie wird durch Pilze im Boden übertragen und durch zu feuchtes und dichtes Substrat begünstigt oder wenn die Pflanze zu tief im Substrat sitzt. Eine von Kronenfäule befallene Pflanze ist meist nicht mehr zu retten.

Flecken auf den Blättern: Bakterien und Pilze können Flecken verursachen, wenn die Blätter zu lange nass bleiben. Wenn ein Fleck am Rand eines Blattes auftritt, schneiden Sie die Stelle weg. Erscheint er in der Blattmitte und breitet sich aus, entfernen Sie das gesamte Blatt. Neemölspray oder ein Fungizid kann helfen, die Ausbreitung zu verhindern.

Rußtau: Wie auf Seite 48 beschrieben, setzt sich Rußtau, ein Pilz, auf den Honigtau, eine Ausscheidung verschiedener saugender Insekten. Bekämpfen Sie die Insekten und waschen Sie den Rußtau zusammen mit dem Honigtau ab.

Umweltprobleme

Zimmerpflanzen können unter Problemen leiden, die nicht auf Schädlinge oder Krankheiten zurückzuführen sind, sondern auf ihre Umweltbedingungen oder die Art und Weise ihrer Pflege.

Kälteschäden: Zimmerpflanzen können an Kälte leiden, auch wenn die Temperaturen über dem Gefrierpunkt liegen. Manche Pflanzen schwächeln schon bei unter 10 °C, schwerere Schäden treten aber erst bei Temperaturen unter 5 °C auf. Kälteschäden zeigen sich in braunen oder gelben und abfallenden Blättern. Vor allem tropische Pflanzen werfen Blätter ab und gehen sogar ein bei Kälte, da sie Temperaturen zwischen 16 und 26 °C gewohnt sind. Das heißt, wenn Ihnen warm genug ist, geht es auch Ihren Pflanzen gut.

Braune Blattspitzen: Einige Pflanzen – vor allem Grünlilien, Korbmaranten und Drachenbäume – sind sehr empfindlich gegen trockene Luft, zu viel Dünger und Schäden durch unregelmäßiges Gießen. Dadurch werden die Blattspitzen braun. Ändern Sie Ihre Gieß- und Düngegewohnheiten und erhöhen Sie die Luftfeuchtigkeit um die Pflanzen herum (siehe Seite 34). Schneiden Sie die braunen Teile weg und beachten Sie dabei die Blattform, damit der Beschnitt nicht auffällt.

Welken: Normalerweise sind welke Pflanzen ein Zeichen dafür, dass Sie gießen müssen. Manchmal welkt eine Pflanze aber auch, wenn sie zu viel gegossen wurde und die Wurzeln verrottet sind. Im letzteren Fall ist die Pflanze trocken, kann aber mit den verfaulten Wurzeln kein Wasser mehr aufnehmen. Auch bei Kronenfäule verwelkt die Pflanze und stirbt ab. Wenn eine Pflanze welkt und das Substrat ist trocken, gießen Sie sie. Ist das Substrat feucht, müssen Sie nach anderen Ursachen suchen.

Blattfall: Alle Pflanzen werfen von Natur aus Blätter ab, wenn sie alt geworden sind. Doch wenn der Boden mit Blättern übersät ist, gibt es eine Ursache, die Sie angehen müssen. Wenn Sie eine Pflanze von einem hellen an einen dunkleren Ort stellen, reagiert sie, indem sie Blätter abwirft, bis sie nur noch so viele hat, wie sie mit dem schwächeren Licht versorgen kann. Mit künstlicher Beleuchtung können Sie dies ausgleichen (siehe Seite 17 bis 18). Pflanzen lassen auch dann Blätter fallen, wenn sie zu viel oder zu wenig gegossen werden. Am besten ist, wenn Sie regelmäßig und maßvoll gießen.

Verfärbte Blätter: Haben einige Blätter eine andere Farbe als die übrigen? Bei neuen Blättern ist das normalerweise kein Problem, junge Blätter sind oft heller als die älteren. Bleiben die Blätter aber andersfarbig oder die Blattadern ändern ihre Farbe, kann die Pflanze an einem Nährstoffmangel leiden oder der pH-Wert im Substrat stimmt nicht. Ist der pH-Wert zu niedrig, kann die Pflanze nicht genügend Nährstoffe aufnehmen. Wenn Sie Ihr Substrat mit einem pH-Meter testen, sollte der Wert zwischen 6,0 und 6,5 liegen. Liegt der Wert viel höher oder niedriger, kann das die Pflanze auf Dauer schädigen. Topfen Sie sie in frisches Substrat um, und das Problem ist meistens gelöst.

Gute Pflanzenpflege bedeutet Aufmerksamkeit gegenüber den Pflanzen und ihren Bedürfnissen. Das reduziert Probleme auf ein Minimum. Je gesünder eine Pflanze ist, desto weniger besteht die Gefahr, dass sie von Schädlingen und Krankheiten befallen wird.

Kapitel 4

Pflanzenporträts

MÜHLENBECKIE

ANANAS-DRACHENBAUM

PURPURTUTE

NEST-ANTHURIE

NESTFARN

HAHNS BOGENHANF

GOLDTÜPFELFARN

BOSTON-SCHWERTFARN

SAUMFARN

PELLEFARN

SCHUSTERPALME

BLAUE EFEUTUTE

KOLBENFADEN

DRACHENBAUM

KLETTERFEIGE

KROKODILFARN

DIEFFENBACHIE

EFEU

HAWORTHIE

KÖNIGSWEIN

TÜPFELFARN

KLETTERPHILODRENDRON

SICHELFARN

ZIMMERARALIE

JUWELORCHIDEE

KÄNGURUFARN

NIERENSCHUPPENFARN

PHILODENDRON ›LITTLE HOPE‹

GLÜCKSBAMBUS

FENSTERBLATT

PURPURBLÄTTRIGE DREIMASTERBLUME

MOSAIKPFLANZE

GASTERIE

ZIERPFEFFER

BERGPALME

EINBLATT

FEINGLIEDRIGER MOOSFARN

PFAUEN-KORBMARANTE

PHILODENDRON MAYOI

HENNE MIT KÜKEN

GESTREIFTE KORBMARANTE

GROSSBLÄTTRIGE STEINEIBE

PUNKTBLUME

GOLDENE EFEUTUTE

PFEILWURZ

GEFLECKTE EFEUTUTE

BOGENHANF

GRÜNLILIE

KORBMARANTE

ZEBRAKRAUT

ZIMMERNESSEL

ZAMIE

Wenn Sie zum ersten Mal in ein gut sortiertes Gartencenter kommen, wird Sie die Pflanzenauswahl wahrscheinlich überwältigen. Es gibt dort unzählige verführerische Pflanzen mit hohem Lichtbedarf, die aber nicht für Ihre dunkle Wohnung geeignet sind. Ich habe Ihnen Pflanzen ausgesucht, die mit Ihrer Wohnsituation gut zurechtkommen, gesund bleiben und Ihr Heim verschönern werden. Ich wünsche mir, dass Sie sich jeden Tag um sie kümmern und froh über Ihre Wahl sein werden, weil die Pflanzen bei Ihnen gedeihen. Obwohl viele Pflanzen, die ich Ihnen im Folgenden vorstelle, schwaches Licht vertragen, sind doch einige davon besser bei mittleren Lichtverhältnissen aufgehoben. In den vorherigen Kapiteln haben Sie erfahren, wie viel Licht Sie Ihren Pflanzen bieten, wie Sie Ihre Lichtverhältnisse verbessern und mit künstlichem Licht Ihre Pflanzenauswahl vergrößern können. Denken Sie daran: Mit Kunstlicht können Sie überall Pflanzen aufstellen.

Die folgenden Pflanzenporträts sollen Ihnen helfen, eine Pflanze auszuwählen, die am besten mit Ihren Wohnbedingungen zurechtkommt. Es gibt eine Pflanze, die für Sie geeignet ist. Wenn Sie genügend Licht haben, um ein Buch zu lesen, finden Sie auch eine Pflanze, die bei Ihnen leben kann. Wählen Sie eine, die Ihnen gefällt. Kaufen Sie keine Pflanze, nur weil sie im Internet angepriesen wird. Sie kann für sie ungeeignet sein und Sie beide wären frustriert und unglücklich. Bleiben Sie also dran und entdecken Sie die Pflanze, die zu Ihren Lichtverhältnissen passt und Sie glücklich macht.

MÜHLENBECKIE

GERINGER LICHTBEDARF | FEUCHT | GIFTIG

Andere Namen

Drahtwein

Botanischer Name

Muehlenbeckia complexa

Die kleinen Blätter und drahtigen Zweige verleihen der Mühlenbeckie ein anmutiges Aussehen. Sie eignet sich gut als Ampelpflanze oder als Bodendecker für eine große Kübelpflanze mit den gleichen Ansprüchen an Licht und Wasser.

Licht

Die Mühlenbeckie bevorzugt einen hellen Standort, ist aber auch für dunklere Ecken geeignet. Im letzteren Fall wächst die Pflanze nicht so stark und braucht auch weniger Wasser. Ost- und Westfenster sind ideal, aber ein Nordfenster genügt auch.

Wasser

Halten Sie die Pflanze immer feucht. Wegen ihrer dünnen Zweige trocknet sie schnell aus und die Blätter fallen ab. Wenn Sie dies bald bemerken, können Sie sie meist noch retten, selbst wenn alle Blätter abgefallen sind. Geben Sie ihr Wasser und warten Sie eine Zeitlang – oft überrascht sie Sie mit neuem Laub.

Größe

Die Mühlenbeckie mag zart und klein wirken, ist aber in ihrer neuseeländischen Heimat ein starkwüchsiger Bodendecker oder Strauch. Als Zimmerpflanze können die Triebe 1 bis 1,20 m oder sogar noch länger werden.

Vermehrung

Schneiden Sie Kopfstecklinge mit drei Blättern ab und pflanzen Sie sie in einen Topf mit feuchter (Anzucht)erde. Ziehen Sie einen durchsichtigen Plastikbeutel über den Topf, der für Wärme und Feuchtigkeit sorgt, bis die Ableger bewurzelt sind.

Sicherheit

Giftig für Kleinkinder und Haustiere.

ANANAS-DRACHENBAUM

GERINGER LICHTBEDARF

TROCKEN

GIFTIG

Botanischer Name

Dracaena reflexa 'Anita'

Drachenbäume sind wunderbare, pflegeleichte, kleine Bäume und 'Anita' macht hier keine Ausnahme. Sie hat schmalere Blätter als die bekannteren Arten und sieht daher zarter aus. Sie kann die Luft von Benzol, Formaldehyd und anderen Schadstoffen reinigen.

Licht

Wie die anderen Dracaenen toleriert 'Anita' ungünstige Lichtverhältnisse wie an einem Nordfenster, ideal sind aber West- und Ostfenster. Sie können sie auch in einigem Abstand zu einem Südfenster stellen, sie darf aber keine direkte Sonne bekommen, weil sonst die Blätter verbrennen.

Wasser

Drachenbäume sind empfindlich gegen zu viel Wasser und mögen keine schweren Böden. Legen Sie unten in den Topf eine Drainageschicht und verwenden Sie lockere Blumenerde. Gießen Sie, bis etwas Wasser aus dem Loch im Topfboden austritt, und lassen Sie die Erde zur Hälfte austrocknen, bevor Sie erneut gießen.

Größe

'Anita' ist etwas kleiner als die meisten anderen Dracaenen. Der zierliche Baum bildet einen Blickpunkt in einem hellen Raum. Er kann recht groß werden, aber wenn nötig, können Sie ihn zurückschneiden, so wächst er auch buschiger.

Vermehrung

Wenn Sie Ihre 'Anita' zurückschneiden, können Sie die unteren Blätter der Triebe entfernen und die Triebe etwa 3 cm tief in feuchte Erde pflanzen. Verlieren Sie nicht die Geduld – es dauert mindestens 6 Wochen, bis sich die Ableger bewurzeln.

Sicherheit

Giftig für Kleinkinder und Haustiere.

PURPURTUTE

MITTLERER LICHTBEDARF

MÄSSIG FEUCHT

GIFTIG

Andere Namen

Eselskopf, Fußblatt

Botanischer Name

Syngonium podophyllum

Wenn Sie im Gartencenter eine junge Purpurtute sehen, können Sie sich wahrscheinlich nicht vorstellen, dass daraus im Lauf der Jahre eine üppige Kletterpflanze wird. Soll die Pflanze kompakt bleiben, können Sie die Triebe zurückschneiden, wenn sie nach einiger Zeit länger werden. Die Pflanze überzeugt durch ihre pfeilförmigen Blätter, die silbrig, grün, pink gefärbt sein können. Sie stellt keine besonderen Ansprüche an die Pflege.

Licht

Stellen Sie die Purpurtute erst hell und drehen Sie sie regelmäßig, denn sie wächst ziemlich schnell in Richtung Licht. In direkter Sonne kann sie aber Sonnenbrand bekommen. Ost-, West- oder Nordfenster sind die beste Wahl; bei einem Südfenster sollten Sie sie ausreichend zurücksetzen.

Wasser

Halten Sie die Purpurtute mäßig feucht und setzen Sie sie auf eine mit Kieseln und Wasser gefüllte Schale, um die Luftfeuchtigkeit zu erhöhen. Trockenes Substrat und trockene Luft lassen die Blattränder und -spitzen braun werden. Die Blätter sind ziemlich dünn, daher trocknen sie schneller aus als die einiger anderer Pflanzen

Größe

Bevor sie zu ranken beginnt, ist die Pflanze 30 bis 40 cm hoch; die Ranken können später 1 m lang werden. Sie können sie an einem Moosstab hochranken lassen, die Pflanze in eine Ampel setzen oder beschneiden. Es gibt Neuzüchtungen, die kleiner bleiben – unter 15 cm – für Miniaturgärten.

Vermehrung

Schneiden Sie einen 15 bis 20 cm langen Trieb ab und stecken Sie ihn in feuchtes Substrat. Stülpen Sie eine durchsichtige Plastiktüte über den Topf, um die Luftfeuchtigkeit zu erhöhen, bis sich Wurzeln gebildet haben.

Sorten

'White Butterfly' – Eine der beliebtesten Sorten mit hellgrünen, dunkelgrün geränderten Blättern.

'Pink' – Eine Sorte mit mittelgrünen Blättern und rosa Blattadern.

Sicherheit

Giftig für Kleinkinder und Haustiere.

NEST-ANTHURIE

GERINGER LICHTBEDARF

MÄSSIG FEUCHT

GIFTIG

Andere Namen

Kohl-Anthurie

Botanischer Name

Anthurium plowmanii

Wenn Sie einen Blickfang in der Wohnung wünschen, ist diese Anthurie Ihre Pflanze. Ihr Name könnte suggerieren, sie sei klein, aber sie ähnelt eher einem Adlernest als dem eines Sperlings. Die großen, ledrigen, dunkelgrünen Blätter wachsen an einem kurzen Stiel direkt aus dem Substrat in Rosettenform. Die ledrigen Blätter sind ein guter Schutz gegen Insekten, denn sie sind schwer zu kauen.

Licht

Stellen Sie die Pflanze an ein Ost- oder Westfenster; auch an einem Nordfenster kommt sie gut zurecht. Bei genügend Licht kann sie auch blühen, aber die Blüten sind nicht attraktiv: ein kleiner, rattenschwanzartiger Kolben wächst aus der Blattbasis, aber ohne das auffällige farbige Hochblatt ihrer Verwandten Anthurium andraeanum.

Wasser

Halten Sie das Substrat mäßig feucht. Es soll nie komplett austrocknen. Stellen Sie eine Schale mit Kieseln und Wasser unter den Topf, um die Luftfeuchtigkeit zu erhöhen. Achten Sie auf die Raumtemperatur; sie sollte nicht unter 10 °C fallen.

Größe

Die Blätter können mehr als 1 m lang werden.

Sicherheit

Giftig für Kleinkinder und Haustiere.

NESTFARN

MÄSSIG FEUCHT

SICHER

Andere Namen

Streifenfarn, Vogelnestfarn

Botanischer Name

Asplenium nidus

Wenn Sie denken, ein Farn habe lange Wedel mit vielen kleinen Blättchen auf beiden Seiten, wird Sie dieser Farn überraschen. Seine Wedel sind komplette Blätter ohne seitliche Blättchen. Sie formen eine Rosette mit einem braunen, flauschigen »Nest« in der Mitte. Die neuen Wedel wachsen zunächst eiförmig eingerollt aus diesem Nest empor, daher der Name. Säubern Sie die Wedel regelmäßig mit einem feuchten Schwamm.

Licht

Der beste Platz für diesen Farn ist ein Ostfenster, aber er gedeiht auch an einem Nordfenster. Bei einem Westfenster sollten Sie ihn mit etwa einem Meter Abstand aufstellen, bei einem Südfenster noch weiter entfernt, denn direkte Sonne kann die Wedel verbrennen.

Wasser

Ein Farn darf nie komplett austrocknen, aber auch nicht im Wasser stehen. Erhöhen Sie die Luftfeuchtigkeit, indem Sie die Pflanze auf eine mit Kieseln und Wasser gefüllte Schale stellen. Gießen Sie rund um den Topfrand, damit nicht zu viel Wasser in das »Nest« gerät. Das könnte die Pflanze verrotten und die Wedel abfallen lassen. In seiner Heimat wächst der Nestfarn epiphytisch auf Bäumen. Deshalb bleibt Wasser nie lange im »Nest« stehen. Als Zimmerpflanze fehlt dieser natürliche Abfluss vom Baum.

Größe

Nestfarne können in ihrer Heimat sehr groß werden: etwa 1,5 m hoch und 1 m breit. Als Zimmerpflanze bleiben sie kleiner.

Sicherheit

Ungiftig für Kleinkinder und Haustiere.

HAHNS BOGENHANF

GERINGER LICHTBEDARF

TROCKEN

GIFTIG

Andere Namen

Bogenhanf, Schwiegermutterzunge

Botanischer Name

Sansevieria trifasciata 'Hahnii'

Es gibt viele Bogenhanf-Arten; die Blätter von Hahns Bogenhanf wachsen rosettenförmig, was an ein Vogelnest erinnert. Es gibt sie in verschiedenen Farben von dunkelgrün bis hellgelb, mit Streifen und Flecken. Diese kleinen Pflanzen eignen sich perfekt für schwaches und mittleres Licht. Panaschierte Sorten brauchen mehr Licht als die dunkelgrünen, sonst verblassen die Farben.

Licht

Der Bogenhanf ist bekannt für seine Genügsamkeit, besonders die dunkelgrünen Sorten. Bei mittlerem bis hellem Licht gedeihen Sie aber noch besser und vermehren sich schnell.

Wasser

Diese Pflanze braucht wenig Wasser, vor allem bei wenig Licht. Steht sie zu feucht, kann sie verrotten und absterben. Aus diesem Grund sollte auch kein Wasser in der Rosette stehen. Wenn die Pflanze mittleres bis helles Licht bekommt, gießen Sie, wenn das Substrat fast ganz trocken ist. Werden die Blätter runzlig – als ob man die Finger zu lange im Wasser hatte –, ist das ein Zeichen, dass Sie gießen müssen.

Größe

Diese Bogenhanfsorte kann 10 bis 30 cm groß werden. Sie dehnt sich durch Seitentriebe (Kindel) aus, die der Basis der Elternpflanze entspringen.

Vermehrung

Am einfachsten kann man diese Pflanze vermehren, indem man die Kindel vorsichtig abschneidet und separat einpflanzt. Doch Sie können auch ein einzelnes Blatt in etwa 5 cm lange Stücke schneiden und die Teile in feuchtes Substrat stecken. Beachten Sie dabei die Wuchsrichtung; falsch herum eingesetzt, bewurzeln sich die Teile nicht. Die neuen Pflanzen haben aber bei dieser Art der Vermehrung keine gelben Streifen.

Sorten

'Golden Hahnii' – Eine goldene Sorte mit hellen, gelben und grünen Streifen. Diese Pflanze wird nicht höher als etwa 12 cm, aber nach einigen Jahren bilden sich Kindel, und wenn Sie sie nicht entfernen, verbreitert sie sich auf 20 bis 25 cm im Durchmesser.

'Hahnii Black Jade' – Eine einfarbig dunkelgrüne Sorte.

Sicherheit

Giftig für Kleinkinder und Haustiere.

GOLDTÜPFELFARN

GERINGER LICHTBEDARF

MÄSSIG FEUCHT

SICHER

Andere Namen

Hasenfußfarn

Botanischer Name

Phlebodium aureum

Die bläuliche Färbung macht diesen Farn zu einem Blickfang. Wenn Sie genauer hinschauen, werden Sie die großen »Raupen« erkennen, die das Substrat durchziehen. Aus diesen pelzigen Rhizomen (Erdsprossen) wachsen die Wedel. Goldtüpfelfarne leben in ihrer südamerikanischen Heimat epiphytisch auf Bäumen. Die dicken, ledrigen Wedel vertragen die niedrige Luftfeuchtigkeit in unseren Wohnungen besser als die meisten anderen Farne.

Licht

Diese Pflanze braucht schwaches bis mittleres Licht. Stellen Sie sie an ein Ost- oder Nordfenster oder einige Meter zurückgesetzt von einem Westfenster.

Wasser

Obwohl der Farn trockene Luft verträgt, profitiert er von einer Schale mit Kieseln und Wasser unter dem Topf. Lassen Sie das Substrat nicht austrocknen – halten Sie es gleichbleibend mäßig feucht.

Größe

Dieser Farn kann in seiner Heimat recht groß werden; als Zimmerpflanze wird er aber kaum höher und breiter als 60 cm. Die Rhizome wachsen über den Topfrand, wenn sie ihn erreichen, daher nehmen Sie am besten einen großen flachen Topf für diesen flachwurzligen Farn.

Vermehrung

Auf der Blattrückseite entstehen Sporen, die man in feuchtes Substrat sät und abdeckt, um die Luftfeuchtigkeit zu erhöhen. Schneller und einfacher ist es, ein Stück Rhizom mit einem Wedel abzuschneiden und mit einem Stück gebogenem Draht in feuchtem Substrat zu befestigen.

Sicherheit

Ungiftig für Kleinkinder und Haustiere.

BOSTON-SCHWERTFARN

GERINGER LICHTBEDARF

MÄSSIG FEUCHT

SICHER

Botanischer Name

Nephrolepis exaltata 'Bostoniensis'

Im Sommer kann man diesen Farn in einer Ampel unter das Vordach oder auf die Veranda hängen. Ich hatte einen solchen Farn über 30 Jahre, geerbt von meiner Urgroßmutter, und er hing immer nur in meiner Wohnung. Etwas unangenehm ist, dass er ständig kleine Blättchen von den Wedeln fallen lässt. Das ist aber normal, wenn die Wedel altern, und die Pflanze ist so schön, dass Sie ein häufigeres Saugen wert ist. Stellen Sie sie auf ein Podest, damit ihre luftigen Wedel zur Geltung kommen.

Licht

Alle Farne lieben mittlere Lichtverhältnisse. Sie tolerieren auch wenig Licht wie an Nordfenstern, aber das Licht eines Ostfensters bekommt ihnen am besten.

Wasser

Halten Sie diesen Farn gleichmäßig feucht, er darf nie austrocknen. Nehmen Sie ein Substrat mit viel Torf (besser Kokosfasern) und guter Drainage. Stellen Sie ihn auf eine mit Kieseln und Wasser gefüllte Schale, um die Luftfeuchtigkeit zu erhöhen. Bei gleichbleibender Substrat- und hoher Luftfeuchtigkeit wirft er weniger Blättchen ab.

Größe

Ein großer Farn, der bis zu 1 m Höhe und Umfang erreichen kann.

Vermehrung

Diesen Farn können Sie teilen und getrennt eintopfen. Er kann auch durch Absenker vermehrt werden: Befestigen Sie die langen Ausläufer, die sich bilden, in feuchtem Substrat, ohne sie abzuschneiden. Manchmal entstehen an den Ausläufern auch spontan neue Pflanzen, was die Vermehrung noch einfacher macht.

Sorten

'Green Lady' – Diese Züchtung hat glatt gefiederte, mittelgrüne Wedel.

'Corditas' – Eine Varietät mit sehr feinen, buschig gefiederten Wedeln.

'Teddy Junior' – Eine Sorte, deren Blätter leicht rundlich sind.

'Massii' – Eine elegante Sorte mit breiten, langen Wedeln.

Sicherheit

Ungiftig für Kleinkinder und Haustiere.

SAUMFARN

MITTLERER LICHTBEDARF

MÄSSIG FEUCHT

SICHER

Andere Namen

Flügelfarn

Botanischer Name

Pteris cretica 'Mayii'

Bei den Saumfarnen gibt es zahlreiche unterschiedliche Wuchs- und Wedelformen. Die Varietät 'Mayii' (Abbildung), die bei uns nur schwer zu finden ist, gibt sich nicht auf den ersten Blick als Farn zu erkennen: die Wedel mit einem bis fünf Fiederblättchen erinnern eher an Bänder. Wegen ihres einzigartigen, ungewöhnlichen Aussehens passt die Sorte gut zu anderen Farnen.

Licht

Mittleres bis helles Licht ist am besten, zum Beispiel an einem Ostfenster oder etwas zurückgesetzt von einem Westfenster. Für einfarbige Arten ist ein Nordfenster geeignet.

Wasser

Wie die meisten Farne braucht auch der Saumfarn ein gleichbleibend mäßig feuchtes Substrat. Er darf weder austrocknen noch im Wasser stehen. Verbessern Sie die Luftfeuchtigkeit, indem Sie ihn auf eine mit Kieseln und Wasser gefüllte Schale stellen.

Größe

Dieser kleinere Farn wird etwa 30 bis 60 cm hoch und breit.

Vermehrung

Der Saumfarn kann geteilt und getrennt eingepflanzt werden.

Sicherheit

Ungiftig für Kleinkinder und Haustiere.

PELLEFARN

GERINGER LICHTBEDARF

MÄSSIG FEUCHT

SICHER

Andere Namen

Knopffarn, Rundblättriger Felsfarn, Rundblättriger Zwergfarn, Klippenfarn

Botanischer Name

Pellaea rotundifolia

Dies ist ein hübscher kleiner Farn mit kleinen Fiederblättchen, die wie Knöpfe aussehen. Die Blättchen wachsen an gekrümmten Wedeln mit dunkelbraunen Stängeln. Diese Pflanze sieht sehr gut in einer Ampel aus. Die dunkelgrünen, rundlichen Blättchen sind dicker als bei den meisten anderen Farnen und tolerieren die trockene Luft in unseren Wohnungen daher besser. Der Farn verträgt auch schwächere Lichtverhältnisse.

Licht

Stellen Sie diese Pflanze am besten an ein Ostfenster, aber ein Nordfenster ist auch geeignet.

Wasser

Dieser Farn braucht ein gleichmäßig feuchtes Substrat, verträgt aber keine Nässe. Lassen Sie das Substrat leicht antrocknen, bevor Sie wieder gießen.

Größe

Der Pellefarn wird 15 bis 30 cm hoch und breit.

Vermehrung

Sie können diesen Farn teilen und die Teile getrennt eintopfen.

Sicherheit

Ungiftig für Kleinkinder und Haustiere.

SCHUSTERPALME

GERINGER LICHTBEDARF

MÄSSIG FEUCHT

SICHER

Andere Namen

Metzgerpalme, Schildblume, Schildnarbe, Eisenpflanze

Botanischer Name

Aspidistra elatior

Diese Pflanze war schon im 19. Jahrhundert beliebt, weil sie auch an dunklen, zugigen Orten überlebt. Wegen ihrer Toleranz gegenüber schlechten Bedingungen nannte man sie auch Eisenpflanze. Sie ist ideal bei schlechten Lichtbedingungen oder wenn Sie sie nicht regelmäßig pflegen können. Es gibt auch panaschierte Sorten; diese brauchen aber mehr Licht, sonst werden sie vollkommen grün.

Licht

Die Schusterpalme toleriert schwaches Licht, gedeiht aber auch gut bei mittleren Lichtverhältnissen. Die neueren panaschierten Sorten brauchen mittleres Licht, damit die Farben erhalten bleiben. Direkte Sonne verträgt diese Pflanze nicht, sie könnte verbrennen.

Wasser

Die Schusterpalme ist auch gegen Trockenheit tolerant, mag es aber lieber mäßig feucht. Je weniger hell sie steht, desto weniger Wasser braucht sie.

Größe

Die langen, riemenartigen Blätter können bis 80 cm lang werden. Säubern Sie sie regelmäßig mit einem feuchten Schwamm, damit sie das wenige Licht besser aufnehmen können.

Vermehrung

Teilen Sie die Pflanze und topfen Sie die Teile getrennt ein.

Sorten

'Milky Way' – Eine gesprenkelte Sorte (siehe Foto).

'Variegata' – Eine weiß gestreifte Sorte.

Sicherheit

Ungiftig für Kleinkinder und Haustiere.

BLAUE EFEUTUTE

GERINGER LICHTBEDARF | MÄSSIG FEUCHT | GIFTIG

Andere Namen

Scindapsus

Botanischer Name

Epipremnum pinnatum
'Cebu Blue'

Diese neue Sorte aus der großen Efeututenfamilie ähnelt ihren Verwandten wenig. Ihre Blätter sind bläulich – eine Farbe, die man selten bei Zimmerpflanzen findet. Wenn sie zu hell steht, kann sie ausbleichen und kränkeln. Die Efeutute ist eine Kletterpflanze, die auf keinen Fall zu viel Licht brauchen kann, und direkte Sonne verbrennt ihre Blätter. Wird die Pflanze älter, werden die Blätter gelappt und größer, obwohl es im Haus wohl nicht so weit kommen wird.

Licht

Stellen Sie die Efeutute an ein Ost- oder Nordfenster. Wenn die Blätter heller werden, stellen Sie sie weiter weg.

Wasser

Halten Sie das Substrat gleichmäßig feucht. Diese Sorte hat viel dünnere Blätter als die gewöhnliche Efeutute, daher toleriert sie keine Trockenheit.

Größe

Die Triebe dieser Kletterpflanze werden so lang, wie Sie es zulassen. Die Efeutute sieht aber besser und kompakter aus, wenn Sie sie beschneiden. Wenn Sie lange Triebe bis zum Substrat zurückschneiden, bilden sich neue.

Vermehrung

Stellen Sie 8 bis 15 cm lange Kopfstecklinge in eine Vase, bis sich Wurzeln gebildet haben, oder lassen Sie sie in feuchtem Substrat bewurzeln.

Sicherheit

Giftig für Kleinkinder und Haustiere.

KOLBENFADEN

GERINGER LICHTBEDARF — TROCKEN — GIFTIG

Andere Namen

Aglaonema

Botanischer Name

Aglaonema spp.

Diese Pflanze war lange Zeit nur mit grünen, dunkelgrün gesprenkelten Blättern bekannt. Heute gibt es auch viele Sorten mit pinkfarbenen, roten und pfirsichfarbenen Anteilen.

Licht

Die grünen Sorten gedeihen gut bei schwachem Licht. Die farbigen Hybriden brauchen mittleres Licht und fühlen sich an Ost- oder Westfenstern wohl. Bei zu wenig Licht verlieren sie ihre helle Kolorierung.

Wasser

Lassen Sie das Substrat 2 bis 5 cm tief austrocknen, bevor Sie die Pflanze wieder gießen. Kolbenfäden bevorzugen höhere Luftfeuchtigkeit, daher stellen Sie sie auf mit Kieseln und Wasser gefüllte Schalen.

Blüten

Kolbenfäden blühen, wenn sie genügend Licht bekommen. Aber diese Pflanzen werden wegen ihres attraktiven Laubs gezüchtet. Es nützt der Pflanze, wenn Sie die Knospen abschneiden, damit sich die Energie auf die Blätter konzentriert. Der Blütenkolben ist von einem weißen Hochblatt umhüllt.

Größe

Die Pflanze kann 30 bis 100 cm hoch werden.

Vermehrung

Kolbenfäden kann man durch Seitentriebstecklinge oder Teilung vermehren.

Sorten

'Creta' – Die Sorte zeichnet sich durch grüne Blätter mit roten Rändern und Adern (siehe Foto) aus; sie wird etwa 30 cm groß.

'Silver Queen' – Eine weitere ältere Sorte, die schwaches Licht verträgt. Sie hat hellgrüne Blätter mit dunkelgrün gesprenkelten Streifen, wird aber nur etwa 45 cm hoch.

'King of Siam' – Eine schöne Sorte mit pinkfarbenen Flecken auf glänzenden dunkelgrünen Blättern, die 30 bis 45 cm groß wird.

'White Lance' – Die Blätter dieser Sorte sind nur etwa 2,5 cm groß und hellgrau. Sie wird etwa 45 cm hoch.

Sicherheit

Giftig für Kleinkinder und Haustiere.

DRACHENBAUM

 GERINGER LICHTBEDARF

 TROCKEN

 GIFTIG

Botanischer Name

Dracaena fragrans

Der Drachenbaum kann groß werden und hat lange, nach unten gebogene lanzettförmige Blätter. Man sieht ihn oft in Büros, weil er schwaches Licht und etwas Vernachlässigung toleriert – wenn man ihn aber gut pflegt, kann er ein Highlight in jedem Raum sein. Säubern Sie die Blätter mit einem feuchten Schwamm, dann sieht er noch besser aus. Oft werden stattliche Drachenbäume mit zwei oder drei Stämmen verkauft, jeder gekrönt von einem grünen Blätterspringbrunnen.

Licht

Wie schon erwähnt, toleriert der Drachenbaum schwaches Licht, bevorzugt aber mittleres bis helles Licht, doch keine direkte Sonne, die die Blätter verbrennen würde. Stellen Sie ihn vor ein Ost-, Nord- oder Westfenster oder etwas zurückgesetzt von einem Südfenster.

Wasser

Es ist wichtig, das gesamte Substrat gleichmäßig zu bewässern, damit die Stämme nicht verrotten. Sie haben meist nur ein kleines Wurzelsystem und es kann nötig sein, sie geradezurichten, wenn Sie die Pflanze nach Hause gebracht haben. Drücken Sie das Substrat aber nicht zu fest an, damit es sich nicht verdichtet und die Sauerstoffzufuhr abschneidet. Bei älteren Pflanzen wächst der Wurzelstock und kann sie besser unterstützen.

Größe

Der Drachenbaum kann bis zu 2 m hoch werden.

Vermehrung

Sie können die Spitze abschneiden und bewurzeln lassen; das kann nötig werden, wenn die Pflanze zu groß wird. Der verbleibende Stamm treibt wieder aus. Wenn Sie den Stamm weiter kürzen, können Sie die abgeschnittenen Stammstücke etwas trocknen lassen, dann in feuchtes Substrat setzen und warm halten. Achten Sie auf die Wuchsrichtung – verkehrt herum eingesetzt, wurzelt das Stammstück nicht.

Sorten

'Massangeana' – Ein gelber Streifen läuft durch die Blattmitte (siehe Foto).

'Victoria' – Die Blätter dieser Sorte sind kürzer und breiter sowie hellgelb gestreift. Diese panaschierten Blätter brauchen mehr Licht, damit die Farben erhalten bleiben.

Sicherheit

Giftig für Kleinkinder und Haustiere.

KLETTERFEIGE

GERINGER LICHTBEDARF

MÄSSIG FEUCHT

GIFTIG

Andere Namen

Kletterficus

Botanischer Name

Ficus pumila

Diese Kletterpflanze eignet sich gut für Ampeln. Ihre gerunzelten Blätter sind dunkelgrün oder grün-weiß. In warmem Klima dient sie oft als Bodendecker. Man setzt sie auch gern in Terrarien, da ihre dünnen Blätter eine höhere Luftfeuchtigkeit brauchen.

Licht

Sorten mit dunkelgrünen Blättern vertragen schwaches Licht. Panaschierte Pflanzen brauchen helleres Licht, damit die Farben bestehen bleiben.

Wasser

Lassen Sie diese Pflanze nie austrocknen; sie wird sonst Blätter abwerfen und sich eventuell nicht mehr erholen. Lassen Sie sie auch nicht im Wasser stehen, sondern halten Sie sie mäßig feucht. Wegen ihrer dünnen Blätter braucht sie eine hohe Luftfeuchtigkeit; setzen Sie sie daher auf eine mit Kieseln und Wasser gefüllte Schale.

Größe

Die Pflanze wird nicht hoch, die Triebe hängen herab und können sehr lang werden. Beschneiden Sie sie, wenn nötig.

Vermehrung

Stecken Sie Triebstecklinge in feuchtes Substrat.

Sorten

'Quercifolia' (Eichenlaubficus) – Die Blätter dieser kleinen Sorte sind wie Eichenblätter geformt, daher der Name (Quercus ist der Gattungsname der Eichen). Wegen seiner geringen Größe wird er in warmen Gegenden oft im Garten als Bodendecker genutzt.

'White Sunny' (panaschierte Kletterfeige) – Diese Sorte hat grüne Blätter mit weißem Rand.

Sicherheit

Giftig für Kleinkinder und Haustiere.

KROKODILFARN

MITTLERER LICHTBEDARF

MÄSSIG FEUCHT

SICHER

Botanischer Name

Microsorum musifolium 'Crocodylus'

Wenn Sie diesen Farn sehen, wissen Sie, warum er Krokodilfarn heißt. Er hat lange, kräftige Blätter mit einem Muster, das an Krokodilleder erinnert. In seiner Heimat lebt er epiphytisch hoch in den Baumkronen.

Licht

Mittelhelles Licht ist am günstigsten. Der Krokodilfarn fühlt sich an einem Ostfenster am wohlsten; ein Nordfenster genügt aber auch. Vermeiden Sie jedoch unbedingt direkte Sonne – sie kann die Wedel ausbleichen oder verbrennen.

Wasser

Pflanzen Sie diesen Farn in gut durchlässiges, auf Torf oder Kokosfasern basiertes Substrat. Es sollte ständig feucht sein, aber nicht durchnässt. Stellen Sie ihn auf eine Schale mit Kieseln und Wasser, damit die Luftfeuchtigkeit erhöht wird.

Größe

In der Natur können die Wedel über 1,2 m lang werden, als Zimmerpflanze kaum über 60 cm.

Vermehrung

Sie können die Pflanze teilen und getrennt eintopfen.

Sicherheit

Ungiftig für Kleinkinder und Haustiere.

DIEFFENBACHIE

MITTLERER LICHTBEDARF

MÄSSIG FEUCHT

GIFTIG

Botanischer Name

Dieffenbachia spp.

Die schönen Zeichnungen auf den Blättern, selbst in schwächerem Licht, sind charakteristisch für diese bekannte Zimmerpflanze. Die großen Blätter weisen Flecken in dunklerem Grün, Weiß oder Gelb auf, manchmal alles an derselben Pflanze. Halten Sie kleine Kinder und Haustiere fern, denn der Pflanzensaft enthält Calciumoxalatkristalle, die bei Verzehr Mund und Rachen verbrennen sowie eine zeitweise Stimmbandlähmung auslösen können.

Licht

Stellen Sie die Dieffenbachie an ein Ost- oder Westfenster mit mittlerem Lichteinfall oder ein gutes Stück entfernt von einem Südfenster. Die weniger panaschierten Arten fühlen sich auch im schwächeren Licht eines Nordfensters wohl.

Wasser

Halten Sie die Pflanze gleichmäßig feucht und stellen Sie zur Erhöhung der Luftfeuchtigkeit eine Schale mit Kieseln und Wasser unter. Die Dieffenbachie verträgt keine Staunässe!

Größe

Die unterschiedlichen Sorten werden zwischen 30 und 150 cm groß.

Vermehrung

Schneiden Sie einige Zentimeter lange Kopfstecklinge von den Trieben und lassen Sie diese in feuchtem Substrat bewurzeln. Die Stämme kann man in Stücke mit wenigstens einer Triebknospe schneiden und sie waagrecht in feuchtes Substrat legen, bis sie sich bewurzeln.

Sorten

'Camilla' – Diese Varietät hat helle, gelbgrüne Blätter mit dunkelgrünen Rändern.

'Tropic Snow' – Diese Sorte kann bis zu 1,5 m hoch werden und hat hellgrüne Blätter mit gelber Mittelrippe, die bis zu den grünen Rändern ausstrahlt.

Sicherheit

Giftig für Mensch und Tier.

EFEU

MÄSSIG FEUCHT

GIFTIG

Andere Namen

Gemeiner Efeu, Gewöhnlicher Efeu

Botanischer Name

Hedera helix

Efeu ist sehr vielseitig, was seine Beliebtheit erklärt. Er sieht gut aus in einer Ampel oder wenn seine Triebe von einem Regal oder Kühlschrank herabhängen. Es gibt viele Sorten mit großen oder kleinen Blättern in Farbkombinationen von Grün, Gelb und Weiß. Die panaschierten brauchen mehr Licht als die durchgehend grünen, damit das Farbenspiel erhalten bleibt.

Licht

Die komplett grünen Efeu-Sorten tolerieren schwaches Licht, die panaschierten benötigen mittleres bis helles Licht.

Wasser

Setzen Sie Ihren Efeu in Substrat mit guter Drainage. Gießen Sie gründlich und lassen Sie dann das Substrat etwas antrocknen, bevor Sie erneut gießen. Lassen Sie ihn aber nie im Wasser stehen. Ein gleichmäßig feuchtes Substrat ist am besten. Ist es zu trocken, können die Wurzeln absterben und kein Wasser mehr aufnehmen; das kann dazu führen, dass die Pflanze eingeht. Erhöhen Sie die Luftfeuchtigkeit, indem Sie die Pflanze auf eine mit Kieseln und Wasser gefüllte Schale stellen, denn trockene Luft lädt Spinnmilben ein. Stellen Sie den Topf beim Gießen wenn möglich in die Spüle und brausen Sie sie ab, um die Blätter zu säubern.

Größe

Die Efeutriebe können 3 bis 4 Meter lang werden; Sie können sie aber beschneiden, wenn sie zu lang werden.

Vermehrung

Schneiden Sie 6 bis 8 cm der Triebe ab und stecken Sie sie in feuchtes Substrat. Ziehen Sie einen durchsichtigen Plastikbeutel über den Topf, um für hohe Luftfeuchtigkeit zu sorgen. Sie können Efeu auch durch Absenker vermehren, indem Sie den Trieb am feuchten Substrat befestigen. Wenn er Wurzeln gebildet hat, schneiden Sie ihn ab und topfen ihn ein.

Sicherheit

Giftig für Kleinkinder und Haustiere.

HAWORTHIE

MITTLERER LICHTBEDARF

TROCKEN

SICHER

Botanischer Name

Haworthia limifolia var. *ubomboensis* (links) and *Haworthia limifolia* (rechts)

Wenn Sie Sukkulenten lieben, Ihnen aber nicht genügend Licht bieten können, greifen Sie zu einer Haworthie. Haworthien sind die perfekten Sukkulenten für unsere lichtarmen Wohnungen. Sie wachsen rosettenförmig und die Blätter sind mit Warzen oder Querrippen besetzt. Die kleinen Sukkulenten werden nicht breiter als etwa 15 cm, weshalb sie sich ideal für einen Miniaturgarten eignen.

Licht

Stellen Sie die Haworthie in schwaches bis mittleres Licht. Volle Sonne, die andere Sukkulenten bevorzugen, verträgt sie nicht – sie verfärbt sich weinrot und bekommt Sonnenbrand.

Wasser

Lassen Sie das Substrat dieser Sukkulenten fast komplett austrocknen, bevor Sie wieder gießen, vor allem, wenn sie wenig Licht bekommen.

Blüten

Der Blütenstängel entsteht im Zentrum der Rosette und kann über 7 cm lang werden. Daran sitzen kleine, weiße, trompetenförmige Blüten.

Größe

Die kleine Blattrosette wird etwa 7 cm hoch und nicht mehr als 15 cm breit.

Vermehrung

Die Haworthie bildet Seitentriebe, die Sie vorsichtig abschneiden und getrennt einpflanzen können.

Sorten

Es gibt eine große Auswahl an Haworthien. Alle benötigen weniger Licht als andere Sukkulenten, daher können Sie nach *Haworthia* (Gattung) schauen, von der außer *limifolia* (Art) noch andere Arten im Handel sind und die sehr unterschiedlich aussehen können.

Sicherheit

Ungiftig für Kleinkinder und Haustiere.

KÖNIGSWEIN

GERINGER LICHTBEDARF

MÄSSIG FEUCHT

SICHER

Andere Namen

Russischer Wein, Rautenblättrige Klimme, Zimmerrebe

Botanischer Name

Cissus rhombifolia 'Ellen Danica'

Zwar erinnert diese Pflanze etwas an Giftefeu, aber sie verursacht zum Glück keinerlei juckenden Ausschlag. Der Königswein ist eine Kletter- oder Hängepflanze und Sie können ihn sowohl an einem Spalier hochklettern lassen als auch in eine Ampel pflanzen. Die dunkelgrünen Blätter sind stark gezähnt. Die Pflanze ist robust und wächst schnell – sie kann daher gut eine unschöne Stelle oder eine dunkle Ecke verstecken.

Licht

Der vielseitige Königswein toleriert das Licht eines Nordfensters, besser ist aber ein Ostfenster und mit etwas Abstand auch ein Westfenster.

Wasser

Setzen Sie den Königswein in ein Substrat auf Torf- oder Kokosfasernbasis, halten Sie es gleichmäßig feucht und vermeiden Sie Staunässe. Wenn das Substrat zu sehr austrocknet, verwelken die Blätter, werden braun und fallen ab.

Größe

Die Triebe können 3 bis 4 m lang werden; beschneiden Sie sie, wenn nötig.

Vermehrung

Schneiden Sie etwa 10 bis 12 cm lange Kopfstecklinge ab, entfernen Sie die unteren Blätter und stecken Sie sie in leicht feuchte Anzuchterde. Zur Erhöhung der Luftfeuchtigkeit stülpen Sie einen durchsichtigen Plastikbeutel über den Topf und nehmen ihn ab, wenn sich die Ableger nach etwa 8 Wochen bewurzelt haben. Dann können Sie die Pflänzchen einzeln in Ihr übliches Substrat setzen.

Sicherheit

Ungiftig für Kleinkinder und Haustiere.

TÜPFELFARN

MITTLERER LICHTBEDARF

MÄSSIG FEUCHT

UNBEKANNT

Botanischer Name

Polypodium formosanum

Manchen Menschen sind Farne mit kriechenden Rhizomen etwas unheimlich. Diese Rhizome sind modifizierte Stämme, die bei diesem Farn wie grüne Würmer oder Maden aussehen. Die luftigen hellgrünen Wedel entspringen vom Rhizom und machen die Pflanze attraktiv. Die Rhizome kriechen bis über den Topfrand, wenn sie wachsen.

Licht

Mittleres Licht, bevorzugt an einem Ostfenster, ist am besten für diesen wie für andere Farne; er fühlt sich aber auch an einem Nordfenster wohl. Mit etwas Abstand können Sie ihn auch in die Nähe eines Westfensters stellen, aber nicht zu nahe, weil die Sonneneinstrahlung dort zu intensiv ist.

Wasser

Der Tüpfelfarn braucht gleichmäßige Feuchtigkeit. Wenn er zu trocken wird, verwelken die Wedel und fallen ab. Die Rhizome ähneln Sukkulenten; daher sprießen aus ihnen bei guter Bewässerung neue Wedel – selbst wenn sie zuvor ziemlich ausgetrocknet waren. Erhöhen Sie die Luftfeuchtigkeit, indem Sie den Topf auf eine mit Kieseln und Wasser gefüllte Schale stellen.

Größe

Da die Rhizome sich waagrecht ausbreiten und über den Topfrand wachsen, sollte man den Tüpfelfarn in eine flache Schale mit großem Durchmesser pflanzen. Die Wedel können 30 bis 60 cm lang werden.

Vermehrung

Teilen Sie den Farn und pflanzen Sie die Teile getrennt ein.

Sicherheit

Giftigkeit unbekannt.

KLETTERPHILODRENDRON

GERINGER LICHTBEDARF

MÄSSIG FEUCHT

GIFTIG

Andere Namen

Baumfreund

Botanischer Name

Philodendron hederaceum (P. scandens)

Der Kletterphilodendron und die sehr ähnliche Efeutute gehören zu den beliebtesten Zimmerpflanzen überhaupt. Ihre herzförmigen Blätter, die einfache Pflege und neuere interessante Züchtungen tragen zu ihrer Popularität bei. Durch die dunkelgrünen Blätter können sie bei schwachem Licht nicht nur überleben, sondern auch gedeihen. Lassen Sie ihn an einem Moosstab oder Spalier hochklettern oder setzen Sie ihn in eine Ampel.

Licht

Dieser Philodendron fühlt sich wohl im schwächeren Licht eines Nordfensters, gedeiht aber auch an einem Ostfenster und mit etwas Abstand von einem Westfenster. An einem Südfenster können die Blätter verbrennen oder ausbleichen.

Wasser

Diese Pflanze vergibt Ihnen, wenn Sie sie mal vernachlässigen und austrocknen lassen, zieht es aber vor, regelmäßig feucht gehalten zu werden. Vermeiden Sie aber Staunässe.

Größe

Die Triebe dieser Kletterpflanze können sehr lang werden, aber wenn Sie sie regelmäßig am Ansatz abschneiden, bleibt sie buschig und neue Triebe bilden sich.

Vermehrung

Schneiden Sie etwas 15 cm lange Triebspitzen unterhalb eines Knotens ab, setzen Sie diese in (Anzucht)substrat und sorgen Sie für hohe Luftfeuchtigkeit, indem Sie einen durchsichtigen Plastikbeutel überziehen. Sobald sich neue Blätter bilden, nehmen Sie den Beutel wieder ab.

Sorten

'Brasil' – Diese Sorte hat dunkelgrüne Blätter mit hellgrünen Akzenten.

'Lemon Lime' – Eine Sorte mit hellgrünen Blättern.

P. brandtianum – Eine Art mit grauen Blättern und dunkelgrünen Adern.

P. micans – Diese seltene Art hat dunkelgrüne, gewölbte Blätter mit hellen Adern.

Sicherheit

Giftig für Kleinkinder und Haustiere.

SICHELFARN

GERINGER LICHTBEDARF

MÄSSIG FEUCHT

SICHER

Andere Namen

Stechpalmenfarn, Ilexfarn

Botanischer Name

Cyrtomium falcatum

Die glänzenden, dunkelgrünen Blättchen an den Wedeln des Sichelfarns erinnern an die Blätter einer Stechpalme, aber die beiden Pflanzen sind nicht miteinander verwandt. Wegen der etwas ledrigen Wedel erträgt dieser Farm trockene Luft besser als andere Farne.

Licht

Standorte mit schwachem bis mittlerem Licht sind für den Sichelfarn bestens geeignet, etwa ein Ost- oder Nordfenster; an einem West- oder Südfenster gedeiht er nur, wenn er zurückgesetzt steht.

Wasser

Halten Sie das Substrat gleichmäßig feucht; es darf weder austrocknen, noch darf der Sichelfarn im Wasser stehen. Obwohl er trockene Luft verträgt, ist es besser, wenn Sie ihn auf eine mit Kieseln und Wasser gefüllte Schale stellen, um die Luftfeuchtigkeit zu erhöhen.

Größe

Die Wedel können bis zu 60 cm lang werden und der Farn kann einen Umfang von 1,20 m erreichen.

Vermehrung

Sie können den Farn teilen und die Teile getrennt einpflanzen.

Sicherheit

Ungiftig für Kleinkinder und Haustiere.

ZIMMERARALIE

MITTLERER LICHTBEDARF

MÄSSIG FEUCHT

SICHER

Botanischer Name

Fatsia japonica

Die Zimmeraralie macht sich in jedem Raum gut als Blickfang. Ihre großen, handförmigen Blätter haben sieben bis neun Lappen. Sie wird oft als einzelner hochwachsender Stamm verkauft, mit großen Blättern an fleischigen Stängeln. Wenn Sie sie beschneiden, verzweigt sie sich und wird buschähnlich.

Licht

Für beste Wachstumsbedingungen stellen Sie die Zimmeraralie an einen Platz mit mittlerem Licht, also an ein Ost- oder Westfenster. Auch bei schwächerem Licht an einem Nordfenster gedeiht sie sowie mit ausreichend Abstand von einem Südfenster.

Wasser

Halten Sie die Pflanze gleichmäßig feucht. Trocknet sie aus, kann sie ihre unteren Blätter verlieren. Sorgen Sie für hohe Luftfeuchtigkeit und halten Sie sie von Heizkörpern fern, weil sie bei trockener Hitze leicht von Spinnmilben befallen wird.

Größe

Die Zimmeraralie kann eine stattliche Pflanze werden. In Japan, ihrer Heimat, kann sie etwa 4,5 m hoch werden, als Zimmerpflanze bleibt sie aber meist unter 2 m.

Sorten

'Spider Web' – Eine attraktive panaschierte Sorte, die aber mehr Licht braucht als die grüne Zimmeraralie.

Sicherheit

Ungiftig für Kleinkinder und Haustiere.

JUWELORCHIDEE

MITTLERER LICHTBEDARF

MÄSSIG FEUCHT

SICHER

Andere Namen

Blutstendel

Botanischer Name

Ludisia discolor

Die weißen Blüten dieser Pflanze sind zwar ganz hübsch, doch langweilig gegenüber dem attraktiven Laub. Ihre weinroten Blätter mit irisierenden pfirsichfarbenen Streifen machen diese terrestrische Orchidee zu einer ungewöhnlichen Pflanze. Sie ist, verglichen mit anderen Orchideen, sehr leicht in normalem Substrat zu pflegen und blüht bei mittleren Lichtverhältnissen. Wenn die Orchidee älter wird und die Triebe nur noch an der Spitze Blätter haben, schneiden Sie Kopfstecklinge ab. Wenn diese bewurzelt sind, pflanzen Sie sie rund um die Mutterpflanze, damit sich ein üppigeres Gesamtbild ergibt.

Licht

Juwelorchideen wachsen in der Natur an schattigen Orten, daher sind sie auch perfekt als Zimmerpflanzen. Um zu blühen, brauchen sie kein helles Licht; ein Ostfenster ist perfekt. Drehen Sie den Topf regelmäßig, damit überall Blüten erscheinen. In schwachen Licht fühlt sich die Pflanze auch wohl, blüht aber nicht.

Wasser

Verwenden Sie ein auf Torf oder Kokosfasern basiertes Substrat und halten Sie es mäßig feucht.

Blüten

Die kleinen Blüten sind weiß und wachsen an bis 20 cm langen Blütenstängeln, die über das Laub hinausragen.

Größe

Die Pflanze wird nur einige Zentimeter hoch, aber die Stängel hängen über den Topfrand und können 20 bis 25 cm lang werden. Daher ist sie auch gut als Ampelpflanze geeignet.

Vermehrung

Stecken Sie Kopfstecklinge in feuchtes Substrat, bis sie sich bewurzeln. Sie können die Orchidee auch teilen und die Teile separat einpflanzen.

Sicherheit

Ungiftig für Kleinkinder und Haustiere.

KÄNGURUFARN

MITTLERER LICHTBEDARF | MÄSSIG FEUCHT | UNBEKANNT

Botanischer Name

Microsorum diversifolium

Die leuchtend hellgrünen Wedel dieses Farns sind tief gelappt. Er gehört in die Familie der Tüpfelfarngewächse und hat ein Rhizom, das aber nicht grün, sondern dunkelbraun und nicht so flaumig ist. Der Kängurufarn eignet sich gut als Ampelpflanze; die Rhizome breiten sich aus und hängen über den Topfrand. Wenn sie den Topf komplett bedecken, können Sie die Pflanze umtopfen. Eine große flache Schale ist dafür am besten geeignet.

Licht

Wie die meisten Farne fühlt sich der Kängurufarn bei mittleren Lichtverhältnissen am wohlsten – ein Ostfenster ist perfekt. Sie können ihn aber auch an ein Nordfenster stellen, mit etwas Abstand zu einem Westfenster und mit größerem Abstand zu einem Südfenster.

Wasser

Lassen Sie diesen Farn nie austrocknen, halten Sie ihn gleichmäßig feucht, aber vermeiden Sie Staunässe. Wenn er austrocknet, werden die Wedel gelb und fallen ab. Oft ist die Pflanze aber noch zu retten, weil die Rhizome etwas Wasser speichern können. Sorgen Sie für höhere Luftfeuchtigkeit, indem Sie den Topf auf eine mit Kieseln und Wasser gefüllte Schale stellen.

Größe

Die Wedel werden etwa 30 cm lang. Die Rhizome kriechen über den gesamten Topf und darüber hinaus.

Vermehrung

Schneiden Sie ein Stück Rhizom mit einem Wedel ab und befestigen Sie dieses mit gebogenem Draht auf feuchtem Substrat. Sorgen Sie mit einem durchsichtigen Plastikbeutel, den Sie über den Topf ziehen, für hohe Luftfeuchtigkeit. Nach drei bis fünf Wochen können Sie den Beutel schrittweise entfernen, damit sich der junge Farn an die Umgebung gewöhnen kann. Außerdem können Sie den Farn auch teilen und die Teile getrennt einpflanzen.

Sicherheit

Giftigkeit unbekannt.

NIERENSCHUPPENFARN

GERINGER LICHTBEDARF

MÄSSIG FEUCHT

SICHER

Andere Namen

Schwertfarn, Aufrechter Schwertfarn, Schlanker Schwertfarn

Botanischer Name

Nephrolepis cordifolia

Dieser Farn ist nahe verwandt mit dem Boston-Schwertfarn, *Nephrolepis exaltata 'Bostoniensis'* (siehe Seite 69), daher werden sie auch oft unter dem gleichen Namen angeboten. Er bleibt aber viel kleiner. Viele Leute verwechseln ihn auch mit dem Pellefarn, *Pellea rotundifolia* (Seite 73) wegen seiner rundlichen Fiederblättchen. Die Blättchen des Nierenschuppenfarns sind aber viel dünner als die des Pellefarns, deshalb braucht die Pflanze auch eine höhere Luftfeuchtigkeit. Wenn Sie ein Blatt zwischen den Fingern zerreiben, entsteht ein schwacher Duft nach Zitrone.

Licht

Stellen Sie Ihren Farn an einen Ort mit schwachem bis mittlerem Lichteinfall, zu helles Licht kann die Wedel verbrennen. Er ist perfekt für den Büroschreibtisch, denn das künstliche Licht in vielen Büros genügt meist, dass er gut gedeiht.

Wasser

Gießen Sie Ihren Farn regelmäßig, damit das Substrat immer feucht ist. Lassen Sie ihn nicht austrocknen, sonst verliert er seine Fiederblättchen. Wie alle Farne braucht auch dieser hohe Luftfeuchtigkeit. Stellen Sie den Topf daher auf eine mit Kieseln und Wasser gefüllte Schale.

Größe

Die Wedel werden etwa 20 bis 40 cm lang.

Sicherheit

Ungiftig für Kleinkinder und Haustiere.

PHILODENDRON 'LITTLE HOPE'

GERINGER LICHTBEDARF

MÄSSIG FEUCHT

GIFTIG

Botanischer Name

Thaumatophyllum bipinnatifidum (früher *Philodendron bipinnatifidum*)

Wenn Ihnen der große Baumfreund (*Thaumatophyllum selloum*, früher *Philodendron selloum*) oder das Fensterblatt (*Monstera deliciosa*, siehe Seite 113) gefallen, Sie aber nicht genügend Platz für eine so stattliche Pflanze haben, ist der Philodendron 'Little Hope' das Richtige für Sie. Er sieht aus wie die größeren Philodendren, ist aber klein genug für eine kleine Wohnung.

Licht

Wie viele Philodendren kann diese Pflanze schwaches Licht vertragen. Mittlerer Lichteinfall ist vorzuziehen, aber sie ist vielseitig und kann sich gut anpassen.

Wasser

Halten Sie das Substrat feucht, lassen es aber ein paar Zentimeter tief trocknen, bevor Sie wieder gießen. Die Lichtstärke, der der Philodendron ausgesetzt ist, bestimmt die Wassermenge, die er braucht.

Größe

'Little Hope' wird etwa 60 cm hoch und ältere Pflanzen können 90 cm Umfang erreichen – verglichen mit anderen Philodendren ist er ein Zwerg.

Sorten

'Atom' – Eine Sorte mit noch tiefer eingeschnittenen, gewellten Blättern.

Sicherheit

Giftig für Kleinkinder und Haustiere.

GLÜCKSBAMBUS

MITTLERER LICHTBEDARF NASS GIFTIG

Andere Namen

Lucky Bamboo, Drachenbaum

Botanischer Name

Dracaena sanderiana

Der Glücksbambus ist überhaupt kein Bambus, sondern ein Drachenbaum. Erstmals kam er in den späten 1990er Jahren auf den Markt und ist seither sehr beliebt. Er soll Glück bringen und spielt eine Rolle im Feng Shui. Da er sich zum Licht hin ausrichtet (Phototropismus), wachsen die Stängel gekrümmt, wenn er regelmäßig gedreht wird. Es gibt ihn auch mit mehreren geflochtenen Stängeln oder in anderen Formen.

Licht

Dracaenen gedeihen bei mittlerem bis hellem Licht am besten. Bei schwächerem Licht wachsen sie auf das Licht zu und müssen dann ab und zu gedreht werden.

Wasser

Diese Pflanze wird häufig nur im Wasser angeboten, kann aber auch in Substrat gepflanzt werden. Sie ist etwas empfindlich, daher halten Sie sie am besten in Regenwasser oder destilliertem Wasser, das Sie ein- bis zweimal pro Monat bei immer gleichem Wasserstand wechseln sollten. Wenn Sie den Glücksbambus einpflanzen, halten Sie das Substrat gleichmäßig feucht.

Größe

Der Glücksbambus kann wenige Zentimeter bis über einen Meter hoch sein – je nachdem, wie lang der Züchter ihn geschnitten hat. Sie können ihn auch selber beschneiden.

Vermehrung

Schneiden Sie Stecklinge von den Stängeln und lassen Sie sie in Wasser oder Substrat bewurzeln. Wenn Sie die Spitze eines Stängels abschneiden, treibt er weiter unten neu aus.

Sicherheit

Giftig für Kleinkinder und Haustiere.

FENSTERBLATT

MITTLERER LICHTBEDARF

MÄSSIG FEUCHT

GIFTIG

Andere Namen

Monstera, Köstliches Fensterblatt

Botanischer Name

Monstera deliciosa

Das in den 50er Jahren populäre Fensterblatt ist heute wieder eine der beliebtesten Zimmerpflanzen der Welt. Hohe Decken und großzügige offene Wohnkonzepte haben diese große Pflanze wieder ins Scheinwerferlicht gerückt, nicht nur wegen ihrer stattlichen Gestalt, sondern auch wegen ihrer einfachen Pflege. Die großen, durchbrochenen, gelappten Blätter sind einzigartig. In der Natur dienen sie dazu, den starken Winden und heftigen Regengüssen in den Wipfeln des Regenwaldes zu trotzen. Das Fensterblatt bildet Luftwurzeln, um mehr Feuchtigkeit aufzunehmen und die Pflanze zu stabilisieren. Achten Sie darauf, dass die Luftwurzeln nicht den Boden oder andere Oberflächen berühren, weil sie Flecken hinterlassen, wenn man sie entfernt.

Licht

Das Fensterblatt toleriert schwaches Licht, zieht aber mittleres bis helles Licht vor. In der Natur keimt es auf dem Waldboden und wächst dann kriechend vorwärts, bis es einen geeigneten Baum findet, auf dem es bis zum Wipfel dem Licht entgegen klettert.

Wasser

Halten Sie das Substrat gleichmäßig feucht, lassen es aber etwas antrocknen, bevor Sie wieder gießen.

Größe

Die Pflanze kann über 3 m groß werden und braucht genügend Raum, um sich auszubreiten. Lassen Sie sie an einem Moosstab hochklettern.

Vermehrung

Schneiden Sie Sprossstecklinge ab und stecken Sie diese in feuchtes (Anzucht)substrat oder lassen Sie sie in einem Glas Wasser bewurzeln, bevor Sie sie einpflanzen.

Sorten

'Variegata' – Eine panaschierte Sorte mit hellgrünen und weißen Flecken auf den dunkelgrünen Blättern

Sicherheit

Giftig für Kleinkinder und Haustiere.

PURPURBLÄTTRIGE DREIMASTERBLUME

MITTLERER LICHTBEDARF

TROCKEN

GIFTIG

Andere Namen

Blütenwiege, Bootspflanze

Botanischer Name

Tradescantia spathacea (früher *Rhoeo spathacea*)

Die kleinen weißen Blüten dieser Pflanze werden von muschelförmigen Hochblättern umgeben, daher heißt sie im Englischen auch Oyster Plant (Austernpflanze) oder Moses in the cradle (Moses im Körbchen). Die Dreimasterblume dient in südlichen Ländern als Bodendecker und ist bei uns eine anspruchslose Zimmerpflanze, die schwachen bis mittleren Lichteinfall verträgt. Die Oberseite der schmalen, lanzettförmigen, aufrecht wachsenden Blätter ist dunkelgrün, die Unterseite dagegen violett.

Licht

Einfach grüne Sorten vertragen schwaches bis mittleres Licht wie an einem Nord- oder Ostfenster. Panaschierte Pflanzen brauchen das mittlere bis helle Licht eines Ost- oder Westfensters.

Wasser

Halten Sie die Pflanze eher trocken; zu viel Wasser verträgt sie nicht, da die Wurzeln leicht verrotten – also besser zu trocken als zu nass. Wenn die Blattspitzen braun werden, liegt das an zu niedriger Luftfeuchtigkeit. Sie sollte im Winter nicht an einem Heizkörper stehen; zu niedrige Luftfeuchtigkeit begünstigt einen Befall von Spinnmilben.

Blüten

Die kleinen weißen Blüten in ihren Hüllblättern, die ganzjährig erscheinen können, sitzen tief in den Blattachseln. Sie müssen schon genauer hinsehen, wenn Sie sie entdecken wollen.

Größe

Die Blätter können 30 bis 45 cm lang werden.

Vermehrung

Die Pflanze kann leicht durch etwa 10 cm lange Seitentriebe (Kindel) vermehrt werden, die man vorsichtig einpflanzt.

Sorten

'Variegata' – Eine Sorte mit hellgelben Streifen auf den Blättern, die bei gutem Licht rosa werden können.

Sicherheit

Giftig für Kleinkinder und Haustiere.

MOSAIKPFLANZE

MITTLERER LICHTBEDARF

MÄSSIG FEUCHT

SICHER

Andere Namen

Fittonie, Silbernetzblatt

Botanischer Name

Fittonia spp.

Die Hauptattraktion der Mosaikpflanze sind ihre auffallenden Blattadern. Die Arten und Sorten mit kleineren und dünneren Blättern brauchen eine höhere Luftfeuchtigkeit, als wir ihnen in der Regel zu Hause bieten können. Daher setzen Sie sie am besten in ein Terrarium. Es gibt Fittonien mit pinkfarbenen, weißen, grünen und roten Blättern und Blattzeichnungen, manche haben auch einen gewellten Rand. Die kleinen Arten eignen sich gut für einen Miniaturgarten.

Licht

Schwaches bis mittleres Licht eignet sich am besten; wenn die Pflanze zu hell steht, verbrennen die Blätter.

Wasser

Das Substrat darf nicht zu feucht sein, weil die Wurzeln leicht verrotten. Austrocknen darf es aber auch nicht, sonst lässt die Mosaikpflanze ihre Blätter fallen. Diese Pflanze braucht eine hohe Luftfeuchtigkeit; stellen Sie sie auf eine mit Kieseln und Wasser gefüllte Schale oder in ein Terrarium.

Größe

Die meisten Mosaikpflanzen bis auf *F. gigantea* werden nur 10 bis 12 Zentimeter hoch.

Vermehrung

Sie können Triebstecklinge mit mindestens zwei Augen abschneiden, in (Anzucht)substrat stecken und bei hoher Luftfeuchtigkeit bewurzeln lassen.

Sorten

F. albivensis – Diese Art zeig dunkelgrüne Blätter mit silbrigweißen Blattadern.

F. albivensis 'Pearcei' – Die Sorte zeichnet sich durch grüne Blätter mit roten Adern aus.

F. albivensis 'Argyroneura minima' – Eine Varietät mit rosafarbenen Adern.

F. gigantea – Diese Art kann bis 80 cm hoch werden. Sie hat dunkelgrüne Blätter mit roten Blattadern.

Sicherheit

Ungiftig für Kleinkinder und Haustiere.

GASTERIE

MITTLERER LICHTBEDARF

TROCKEN

SICHER

Botanischer Name

Gasteria ssp., *Gasteraloe* 'Little Warty' (Bild)

Gasterien gibt es in vielen Arten und als Kreuzungen, zum Beispiel mit der Aloe, woraus die *Gasteraloe* entstanden ist, oder mit der Haworthie, die als *Gasterhaworthia* angeboten wird. Die Pflanzen sind leicht zu pflegen und gehören zu den wenigen Sukkulenten, die sich bei mittleren bis schwächeren Lichtverhältnissen wohl fühlen. Die Gasteraloe 'Little Warty' ist dunkelgrün und mit kleinen weißen Warzen bedeckt.

Licht

Gasterien gedeihen an West- oder Ostfenstern. Sie können sie auch mit einigem Abstand zu Südfenstern platzieren.

Wasser

Diese fleischigen Sukkulenten sollten Sie in durchlässiges Substrat pflanzen und nie im Wasser stehen lassen. Halten Sie sie bei den schwächeren Lichtverhältnissen im Winter noch trockener.

Blüten

Der Name Gasteria leitet sich von der Blütenform ab, die einem Magen ähnelt. An einem Westfenster entwickelt die Pflanze leicht ihre 60 bis 90 cm langen Blütenstängel, an denen die meist orangefarbenen Blüten mit grüner Spitze hängen.

Größe

Es gibt kleine Gasterien von nur 3 cm Höhe bis zu großen, die mehr als 60 cm erreichen können.

Vermehrung

Diese Pflanzen entwickeln viele Kindel (Seitentriebe), die man vorsichtig abschneidet und getrennt eintopft. Sie lassen sich auch durch Samen (aus dem Fachhandel) vermehren sowie durch Blattstecklinge. Dazu schneidet man ein Blatt ab, lässt es mehrere Wochen trocknen und setzt es dann in feuchtes, durchlässiges Substrat. Die Vermehrung durch Absenker ist ebenfalls möglich.

Sicherheit

Ungiftig für Kleinkinder und Haustiere.

ZIERPFEFFER

MITTLERER LICHTBEDARF

MÄSSIG FEUCHT

SICHER

Andere Namen

Zwergpfeffer, Peperomie

Botanischer Name

Peperomia ssp., *Peperomia puteolata* (Bild)

Es gibt zahlreiche Peperomia-Arten und -sorten, *P. puteolata* wird bei uns eher selten angeboten. Sie ist zwar keine Kletterpflanze, aber wenn sie älter wird, hängen die Triebe herab und sie macht sich dann gut als Ampelpflanze. Die Blätter sitzen in Gruppen von drei bis fünf an rötlichen Stängeln mit deutlichen Blattadern, parallel zu den Rändern. Die ganze *Peperomia*-Familie ist pflegeleicht, solange sie nicht zu sehr gegossen wird, denn sie ähnelt in ihren Blättern oder Stängeln den Sukkulenten. Peperomien gibt es in unterschiedlichen Formen und Farben, sie werden nicht allzu groß und eignen sich daher sehr gut als Zimmerpflanzen.

Licht

Mittlere Lichtverhältnisse wie an Ost- oder Westfenstern sind gut geeignet. Auch bei schwächerem Licht kann man sie halten; da sie auf das Licht zu wachsen, sollte man sie regelmäßig drehen.

Wasser

Setzen Sie den Zierpfeffer in gut durchlässiges Substrat und halten Sie ihn mäßig feucht; Staunässe verträgt er nicht.

Größe

Peperomien können 10 bis etwa 30 cm groß werden.

Vermehrung

Schneiden Sie etwa 10 cm lange Kopfstecklinge unter einem Blattknoten ab und setzen Sie sie in feuchtes, durchlässiges Substrat.

Sicherheit

Ungiftig für Kleinkinder und Haustiere.

BERGPALME

GERINGER LICHTBEDARF

MÄSSIG FEUCHT

SICHER

Andere Namen

Zierliche Bergpalme, Mexikanische Bergpalme

Botanischer Name

Chamaedorea elegans

Im 19. Jahrhundert stand diese Palme in fast jedem Salon. Wie die Schusterpalme (siehe Seite 75) konnte sie die Dunkelheit und Kälte in den Häusern damals überleben. Ihre Toleranz gegenüber schlechten Lichtverhältnissen war der Hauptgrund für ihre Popularität. Sie wächst langsam und junge Exemplare machen sich gut in Miniaturgärten.

Licht

Die Bergpalme toleriert schwaches Licht, bevorzugt aber mittlere Lichtverhältnisse. Wenn sie zu hell steht, verfärben sich ihre hellgrünen Blätter gelb.

Wasser

Halten Sie das Substrat gleichmäßig feucht, aber vermeiden Sie Staunässe. Pflanzen Sie die Bergpalme in gut durchlässiges Substrat. Um die Gefahr eines Spinnmilbenbefalls zu verringern, sorgen Sie für höhere Luftfeuchtigkeit, indem Sie den Topf auf eine mit Kieseln und Wasser gefüllte Schale stellen, und gönnen Sie der Bergpalme monatlich eine erfrischende Dusche – das entfernt gleichzeitig den Staub von den Blättern.

Größe

Bergpalmen wachsen langsam und werden 90 bis 120 cm hoch.

Vermehrung

Eventuell durch Samen. Die Keimung kann aber mehrere Monate dauern.

Sicherheit

Ungiftig für Kleinkinder und Haustiere.

EINBLATT

MÄSSIG FEUCHT

GIFTIG

Andere Namen

Scheidenblatt, Blattfahne, Friedenslilie

Botanischer Name

Spathiphyllum spp.

Das Einblatt ist mit der Aglaonema, den Philodendren und der Dieffenbachia verwandt und nicht mit den Lilien, wie eines seiner Namen vermuten lässt. Diese beliebten Pflanzen sind einfach zu pflegen und verzeihen es, wenn man sie nicht genügend gießt. Die Blüten entstehen bei mittleren Lichtverhältnissen, die das Einblatt bevorzugt. Die dunkelgrünen, glänzenden Blätter sind sehr attraktiv.

Licht

Das Einblatt bevorzugt mittleres bis schwächeres Licht, aber bei schwachem Licht blüht es nicht. Ein Ost- oder Nordfenster ist gut geeignet; am Ostfenster oder mit Abstand von einem Westfenster wird die Pflanze meist blühen.

Wasser

Das Einblatt sollte nicht austrocknen, daher halten Sie es mäßig feucht. Obwohl es bei Trockenheit welkt, erholt es sich wieder, sobald Sie es gegossen haben. Folgen Sie nicht dem Rat, erst Wasser zu geben, wenn die Blätter welk sind, denn diese können auch gelb werden und absterben. Es ist besser, die Pflanze rechtzeitig zu gießen.

Blüten

Der Blütenstand besteht aus einem weißen, aufrechten Hochblatt, das einen Blütenkolben umgibt, der viele winzige Blüten trägt. Die Pollen fallen herab und bedecken die Blätter mit pudrigem weißen Staub. Man kann den Kolben entfernen, um die Pflanze sauber zu halten. Als besonderer Bonus bleibt der Blütenstand lange Zeit bestehen. Schließlich wird er braun und trocknet aus; schneiden Sie ihn dann so weit unten wie möglich ab.

Größe

Es gibt viele Einblatt-Sorten, die zwischen 30 und 120 cm hoch werden.

Vermehrung

Das Einblatt kann man durch Teilung vermehren. Die Teilstücke sollten mindestens drei Blätter haben. Man schneidet sie vorsichtig durch und pflanzt sie getrennt ein.

Sorten

'Gemini' – Eine Sorte mit panaschiertem Laub.

Sicherheit

Giftig für Kleinkinder und Haustiere.

FEINGLIEDRIGER MOOSFARN

MITTLERER LICHTBEDARF

MÄSSIG FEUCHT

SICHER

Andere Namen

Krauses Mooskraut, Glücksmoos

Botanischer Name

Selaginella kraussiana

Die Pflanze ist weder ein Moos noch ein Farn, sie wird aber wie ein Farn gepflegt. Wegen ihrer schimmernden Blätter ist sie für Sammler interessant. Es gibt eine Sorte mit weißen Blattspitzen und eine andere mit rötlichen Blättern, die aber bei uns selten angeboten werden. Weil sie besondere Bedürfnisse an Wasser und Luftfeuchtigkeit hat, hält man sie am besten in einem Terrarium.

Licht

Mittlere Lichtverhältnisse wie an einem Ostfenster sind für das Mooskraut am besten. Zu helles Licht bleicht die Blätter aus. Das schwächere Licht an einem Nordfenster genügt ihm auch, aber bunte Sorten brauchen mehr Licht, damit die Farben erhalten bleiben.

Wasser

Halten Sie die Pflanze gleichmäßig feucht, sie darf nie austrocknen, aber es darf auch keine Staunässe entstehen. Erhöhen Sie die Luftfeuchtigkeit, indem Sie den Topf auf eine mit Kieseln und Wasser gefüllte Schale stellen oder die Pflanze gleich in einem Terrarium unterbringen. Damit die Pflanze nie völlig austrocknet, sollten Sie die Substratfeuchtigkeit regelmäßig überprüfen. Fühlt sich die Oberfläche trocken an, gießen Sie mit möglichst kalkarmem Wasser.

Größe

Die kleine Pflanze wächst kriechend mit bis zu 30 cm langen Trieben. Sie kann an frostfreien Standorten als Bodendecker eingesetzt werden.

Vermehrung

Sie können den Moosfarn teilen und die Teile getrennt einpflanzen. Die Vermehrung durch Sporen ist auch möglich, aber langwierig.

Sicherheit

Ungiftig für Kleinkinder und Haustiere.

PFAUEN-KORBMARANTE

MITTLERER LICHTBEDARF

MÄSSIG FEUCHT

SICHER

Andere Namen

Pfeilwurz, Korbmarante

Botanischer Name

Calathea makoyana

Die schön gezeichneten Blätter geben dieser Pflanze ihren Namen – die hellgrünen Blätter weisen auf der Oberseite dunkelgrüne Streifen und Flecken auf, die Unterseite ist weinrot mit weißen Streifen. Korbmaranten brauchen gleichmäßige Feuchtigkeit und hohe Luftfeuchtigkeit. Die dunkelgrünen Flecken erinnern an die Zeichnung von Pfauenfedern, daher der Name.

Licht

Stellen Sie die Pflanze in mittleres Licht an ein Ostfenster oder mit etwas Abstand an ein Westfenster. Auch der Lichteinfall durch ein Nordfenster ist geeignet.

Wasser

Hohe Luftfeuchtigkeit ist wichtig. Stellen Sie die Pflanze daher auf eine mit Kieseln und Wasser gefüllte Schale und wenn möglich in die Küche oder ins Badezimmer, wo die Luftfeuchtigkeit höher ist als an anderen Orten in der Wohnung. Halten Sie das gut durchlässige Substrat gleichmäßig feucht, vermeiden Sie aber Staunässe. Korbmaranten dürfen nie völlig austrocknen. Trockenes Substrat, trockene Luft und Fluoride im Gießwasser können braune Blattränder und -spitzen verursachen.

Größe

Korbmaranten können über 60 cm groß werden.

Sicherheit

Ungiftig für Kleinkinder und Haustiere.

PHILODENDRON MAYOI

GERINGER LICHTBEDARF

MÄSSIG FEUCHT

GIFTIG

Andere Namen

Baumfreund

Botanischer Name

Philodendron mayoi

Es gibt zahlreichen Philodendron-Arten und -sorten mit sehr unterschiedlichen Blättern. Der *Philodendron mayoi* ist bei uns selten wie auch seine Sorte 'Tahiti' (siehe Foto). Er wird meist als Ampelpflanze angeboten, klettert aber auch gern an einem Spalier oder Moosstab (aus dem Gartencenter). In der Natur wächst er an den Bäumen des Regenwalds hoch. Auch ein schöner Ast kann als Kletterhilfe dienen – oder Sie basteln einen eigenen Moosstab mit Hühnerdraht und Moos. Wenn die Pflanze klettert, werden die Blätter größer und sie kann einen Raum beherrschen.

Licht

Philodendren sind sehr anpassungsfähig an unterschiedliche Lichtverhältnisse. Am wohlsten fühlen sie sich aber bei mittlerem bis schwächerem Lichteinfall. Direkte Sonne vertragen sie nicht; sie kann die Blätter verbrennen oder ausbleichen.

Wasser

Halten Sie das Substrat gleichmäßig feucht, aber vermeiden Sie Staunässe.

Größe

In einer Ampel werden die Triebe nur etwa 30 cm lang; wenn dieser Philodendron aber klettern kann, wachsen sie weiter. Beschneiden Sie die Triebe, wenn sie zu lang werden.

Sicherheit

Giftig für Kleinkinder und Haustiere.

HENNE MIT KÜKEN

GERINGER LICHTBEDARF

MÄSSIG FEUCHT

SICHER

Andere Namen

Huckepackpflanze, Lebendblatt

Botanischer Name

Tolmiea menziesii

Das Besondere an dieser ungewöhnlichen Pflanze ist, dass sie auf den älteren Blättern kleine Tochterpflanzen bildet, daher die Namen Henne mit Küken und Huckepackpflanze. Jede Tochter ist das Ebenbild der Mutter. Das Lebendblatt ist im Nordwesten der USA zu Hause, wo es als Bodendecker in feuchten Wäldern und an Flussufern wächst. Die Blätter entstehen aus einem kriechenden Wurzelstock.

Licht

Die Pflanze toleriert schwächeres Licht, mittlerer Lichteinfall ist aber besser. Vermeiden Sie direkte Sonne – sie könnte die Blätter verbrennen.

Wasser

Lassen Sie Ihre Henne mit Küken nicht komplett austrocknen. Sie kann sich zwar wieder erholen, aber die Blattränder werden braun und trocken.

Größe

Die Pflanze nimmt eine kugelige Gestalt an und wird bis zu 30 cm hoch. In der Natur kann sie eine Größe von etwa 90 cm erreichen, als Zimmerpflanze bleibt sie kleiner.

Vermehrung

Schneiden Sie ein Blatt mit einer Tochterpflanze und einem Stiel von etwa 2 cm ab. Drücken Sie den Stiel vorsichtig in das feuchte Substrat, bis die Tochterpflanze auf dem Substrat sitzt. Ein durchsichtiger Plastikbeutel, den Sie über den Topf ziehen, sorgt für die nötige Luftfeuchtigkeit. Wenn die kleine Pflanze bewurzelt ist, entfernen Sie ihn wieder. Sie können das Lebendblatt auch durch Absenker vermehren: Befestigen Sie das Blatt mit der Tochterpflanze, ohne es abzuschneiden, mit einem gebogenen Draht auf dem feuchten Substrat eines kleinen Topfs, den Sie daneben stellen. Das Kindel bewurzelt sich, indem es Nährstoffe der Mutterpflanze aufnimmt. Ist es bewurzelt, schneiden Sie es ab.

Sicherheit

Ungiftig für Kleinkinder und Haustiere.

GESTREIFTE KORBMARANTE

MITTLERER LICHTBEDARF

MÄSSIG FEUCHT

SICHER

Botanischer Name

Calathea ornata

Das schöne Blattwerk ist die Hauptattraktion dieser Pflanze – wer wäre nicht entzückt von ihren rosa Nadelstreifen? Die Korbmarante wird oft mit der Pfeilwurz (siehe Seite 143) verwechselt und sie gehört auch zur selben Familie. Die rosa Streifen ziehen sich wie Federn in einem sanften Bogen zu den Rändern der dunkelgrünen Blätter. Die Blattunterseiten sind weinrot.

Licht

Calatheen brauchen mittleres Licht, damit die Streifen erhalten bleiben. Zu helles Licht bleicht die Blätter aus, steht sie zu dunkel, verschwindet das Rosa.

Wasser

Halten Sie die Pflanze gleichmäßig feucht. Setzen Sie den Topf auf eine mit Kieseln und Wasser gefüllte Schale, um die Luftfeuchtigkeit zu erhöhen. Hohe Luftfeuchtigkeit ist unabdinglich, sonst werden die Blattränder braun. Die Korbmaranten sind auch empfindlich gegen Fluoride im Wasser. Zur Vorsicht können Sie mit Regenwasser gießen.

Größe

Die Korbmarante kann bis zu 60 cm hoch werden.

Vermehrung

Calatheen kann man durch Teilung vermehren.

Sicherheit

Ungiftig für Kleinkinder und Haustiere.

GROSSBLÄTTRIGE STEINEIBE

MITTLERER LICHTBEDARF

MÄSSIG FEUCHT

GIFTIG

Andere Namen

Tempelbaum

Botanischer Name

Podocarpus macrophyllus var. *maki*

In der Natur ist die Steineibe ein Baum, der bis 20 m hoch werden kann. Im Süden der USA wird *Podocarpus macrophyllus* auch als immergrüne Hecke angepflanzt. Die Varietät *maki* eignet sich als Zimmerpflanze, da sie kompakt wächst und kleinere Blätter hat. Wenn man sie beschneidet, kann man sie klein halten, in Form schneiden oder zum Bonsai formen.

Licht

Diese Pflanze gedeiht am besten bei mittlerem bis hellem Licht, verträgt aber auch schwächeren Lichteinfall.

Wasser

Verwenden Sie ein gut durchlässiges Substrat und halten Sie es gleichmäßig feucht. Lassen Sie die Steineibe nicht im Wasser stehen, sonst können die Wurzeln verrotten.

Größe

Die Pflanze wird 1,80 bis 2,40 m hoch. Wenn Sie sie beschneiden, können Sie das Wachstum auf 1,20 bis 1,50 m begrenzen. Der kleine Baum eignet sich vorzüglich als Solitärpflanze in einem großen Raum.

Vermehrung

Sie können die Steineibe durch Kopfstecklinge vermehren. Tauchen Sie sie in Bewurzelungshormon und stecken Sie sie in feuchtes Substrat. Außerdem kann sie durch Samen vermehrt werden.

Sicherheit

Giftig für Kleinkinder und Haustiere.

PUNKTBLUME

MITTLERER LICHTBEDARF · MÄSSIG FEUCHT · SICHER

Andere Namen

Tüpfelblume, Hüllenklaue

Botanischer Name

Hypoestes phyllostachya

Punktblumen sind in den letzten Jahren nicht nur wegen ihrer attraktiven farbigen Blätter in den Blickpunkt gerückt, sondern auch weil sie öfter angeboten werden und einfach zu pflegen sind. Im Gartencenter stehen sie meist bei den Miniaturpflanzen, da sie sich gut für Terrarien eignen. Wegen ihrer dünnen Blätter brauchen sie eine hohe Luftfeuchtigkeit, um gut zu gedeihen. Ein Fenster über der Küchenspüle oder im Badezimmer ist als Standort ideal. Oder stellen Sie sie auf eine mit Kieseln und Wasser gefüllte Schale.

Licht

Mittlerer Lichteinfall ist am besten für die Punktblume; stellen Sie sie daher an ein Ostfenster oder mit einigem Abstand von einem Westfenster. Wenn sie nicht genügend Licht bekommt, kann sie sparrig werden und die Farben werden eintöniger. Bei voller Sonne dagegen bleichen die dünnen Blätter aus und verbrennen sehr schnell.

Wasser

Halten Sie das Substrat gleichmäßig feucht, lassen Sie es nicht austrocknen, da die Pflanze in diesem Fall braune Blattränder und -spitzen bekommt und oft auch eingeht. Gießen Sie am besten mit weichem Wasser, zum Beispiel Regenwasser.

Größe

Beschneiden Sie diese kleinen Pflanzen regelmäßig, damit sie neu austreiben und kompakt bleiben. Sie können über 40 cm groß werden, sind dann aber sparrig, wenn man sie nicht beschneidet.

Vermehrung

Schneiden Sie Kopfstecklinge und lassen Sie sie in einem Wasserglas oder in feuchtem Substrat mit einer durchsichtigen Plastiktüte über dem Topf für höhere Luftfeuchtigkeit bewurzeln. Sie können die Tüpfelblume auch durch Samen vermehren.

Sicherheit

Ungiftig für Kleinkinder und Haustiere.

GOLDENE EFEUTUTE

GERINGER LICHTBEDARF — MÄSSIG FEUCHT — GIFTIG

Andere Namen

Tongapflanze, Goldranke

Botanischer Name

Epipremnum aureum

Wenn es eine Zimmerpflanze gibt, die fast jeder kennt, ist es die Efeutute. Diese Pflanzen umrahmen Fenster, hängen von Möbeln herab oder klettern bis zur Decke. Ihr großer Pluspunkt ist ihre Toleranz gegenüber schlechten Lichtverhältnissen. Sie sind ideale Büropflanzen, weil sie auch mit künstlichem Licht gut zurechtkommen.

Licht

Die Goldene Efeutute hat grüne Blätter mit gelber Marmorierung. Sie können sie an ein Nordfenster stellen, noch besser ist ein Standort etwas zurückgesetzt von einem Ost- oder Westfenster. Wenn die Pflanze ihre gelben Blattanteile verliert und durchgehend grün wird, stellen Sie sie etwas heller, dann bildet sich die Färbung wieder.

Wasser

Wenn diese Pflanze zu wenig Wasser bekommt, zeigt Sie Ihnen das deutlich mit welken Blättern und schlaffen Trieben, die über den Topfrand hängen. Sorgen Sie dafür, dass das nicht passiert, sonst müssen Sie mit einigen absterbenden Blättern rechnen. Halten Sie die Efeutute gleichmäßig feucht, aber vermeiden Sie Staunässe, die die Wurzeln verrotten und die Pflanze eingehen lässt.

Größe

In ihrer südostasiatischen Heimat erklimmt diese Kletterpflanze 20 m hohe Bäume. Als Zimmerpflanze werden die Triebe etwa 3 bis 6 m lang, wenn Sie sie nicht beschneiden. Das Beschneiden lohnt sich auch deshalb, weil ältere Triebe oft verkahlen und nur noch an der Spitze Blätter sitzen.

Vermehrung

Stellen Sie die abgeschnittenen Triebspitzen in ein Glas Wasser, und pflanzen Sie sie ein, wenn sie sich bewurzelt haben. Sie können Sie zum Bewurzeln aber auch gleich ins Substrat stecken.

Sorten

'Marble Queen' – Eine Sorte mit sehr attraktiven weiß-grünen Blättern. Sie braucht mehr Licht als die einfarbig grünen, aber keine volle Sonne, die die weißen Blattanteile verbrennen würde.

'N' Joy' – Eine ebenfalls buntlaubige, weiß-grüne Sorte, die mehr Licht benötigt.

'Neon' – Eine Sorte mit gelbgrünen Blättern, die mit ihrer Farbe in jedem Zimmer zum Blickfang wird.

Sicherheit

Giftig für Kleinkinder und Haustiere.

PFEILWURZ

MITTLERER LICHTBEDARF

MÄSSIG FEUCHT

SICHER

Andere Namen

Gebetspflanze, Marante

Botanischer Name

Maranta leuconeura

Stellen Sie sich vor, sie haben eine Pflanze, die des Nachts ihre Blätter unter leisem Rascheln wie zum Gebet einfaltet – daher einer ihrer Namen. Das ist aber nur ein Kennzeichen der Marante. Ihr Hauptmerkmal sind die schön gezeichneten Blätter. Manche haben rote Streifen und Flecken, andere dunkelgrüne Flecken auf helleren Blättern. Einige Sorten haben eine weinrote Unterseite, was diese Pflanzen noch attraktiver macht.

Licht

Mittlere Lichtverhältnisse wie an einem Ostfenster sind am besten. Zurückgesetzt von einem Westfenster und in einem größeren Abstand zu einem Südfenster können sie auch gedeihen sowie nahe an einem Nordfenster. Sie mögen es hell, aber keine direkte Sonne.

Wasser

Halten Sie das Substrat gleichmäßig feucht. Gießen Sie am besten mit zimmerwarmem Regenwasser, weil die Marante kein kalkhaltiges Wasser verträgt. Maranten dürfen nicht austrocknen und benötigen eine hohe Luftfeuchtigkeit. Stellen Sie sie daher auf mit Kieseln und Wasser gefüllte Schalen. Vermeiden Sie Staunässe.

Größe

Maranten bleiben relativ klein, meist unter 30 cm. Bei guter Pflege können Sie sich aber seitlich auf 60 bis 90 cm Durchmesser ausbreiten. Da sie flach wurzeln, setzen Sie sie am besten in eine große Schale. Doch ist sie auch als üppige Ampelpflanze sehr schön geeignet.

Vermehrung

Stecken Sie Kopfstecklinge in feuchtes Substrat und sorgen Sie mit einem durchsichtigen Plastikbeutel über dem Topf für hohe Luftfeuchtigkeit. Größere Pflanzen können Sie auch teilen.

Sorten

'Erythroneura' – Die Blätter dieser Sorte hat hellgrüne Flecken entlang der Mittelrippe und rosa bis rote Adern von der Mitte zum Rand.

'Kercheovana' (Foto) – Diese Varietät zeichnet sich durch dunkelgrüne Flecken beidseits der Mittelrippe aus.

'Massangeana' – Eine Sorte mit kleinen, braun gefleckten Blättern und roter Unterseite.

Sicherheit

Sicher für Kleinkinder und Haustiere.

GEFLECKTE EFEUTUTE

GERINGER LICHTBEDARF   TROCKEN   GIFTIG

Botanischer Name

Epipremnum pictum (früher *Scindapsus pictus*)

Von dieser leicht zu pflegenden Pflanze, die nur wenig Licht braucht, kann ich gar nicht genug bekommen. Eine Efeutute steht in meinem Badezimmer und eine weitere in meinem Wohnzimmer, beide abseits des Fensters, und sie kommen mit dem schwächeren Licht sehr gut zurecht. Mit ihren dicken Blättern muss diese Efeutute nicht oft gegossen werden. Die silbernen Flecken auf den mittelgrünen Blättern machen sie besonders attraktiv. Mit den langen Trieben können Sie ein Fenster dekorativ umrahmen, sie in eine Ampel setzen oder einfach von einem Regal herabhängen lassen.

Licht

Die Gefleckte Efeutute gedeiht bei schwachem bis mittlerem Licht.

Wasser

Mit ihren dicken, ledrigen Blättern speichert diese Efeutute Wasser, daher muss man sie seltener gießen als Pflanzen mit dünneren Blättern. Lassen Sie das Substrat antrocknen, aber nicht völlig austrocknen, bevor Sie wieder gießen. Vermeiden Sie Staunässe.

Größe

Die Pflanze kann sehr lange Triebe bilden, die aber sparrig und blattlos (bis auf die Spitze) werden, je länger sie wachen. Um sie kompakt zu halten, beschneiden Sie sie, damit sie neue Triebe bildet. Die abgeschnittenen Triebe können Sie zur Vermehrung nutzen.

Vermehrung

Stellen Sie die abgeschnittenen Triebspitzen in ein Glas Wasser, bis sie sich bewurzeln, oder setzen Sie sie gleich in Anzuchtsubstrat.

Sorten

'Silver Satin' (Bild) – Eine Sorte mit silbergrauen Flecken auf mittelgrünen Blättern.

'Argyraeus' – Bei dieser Sorte sind die silbergrauen Blätter mit grünen Flecken gesprenkelt.

Sicherheit

Giftig für Kleinkinder und Haustiere.

BOGENHANF

GERINGER LICHTBEDARF

TROCKEN

GIFTIG

Andere Namen

Beamtenspargel, Schwiegermutterzunge

Botanischer Name

Sansevieria trifasciata

Diese Pflanze ist wieder in Mode gekommen. Früher stand sie oft in dunklen Ecken und wurde vernachlässigt, bis sich ihre langen Blätter dem Licht zuneigten und traurig herabbogen. Nun ist sie wieder da mit neuen Sorten und Formen sowie dem Ruf, die Luft zu reinigen. Dies und bessere Informationen über ihre Pflege haben ihr den Stellenwert in der Zimmerpflanzenwelt, der ihr zusteht, zurückgegeben.

Licht

Der Bogenhanf, speziell die dunkler grünen Sorten, toleriert dunklere Standorte und gedeiht dort gut, wenn er nicht zu feucht gehalten wird. Er bevorzugt allerdings mittleres bis helles Licht.

Wasser

So mancher Bogenhanf ist schon an zu viel Wasser eingegangen. Gießen Sie Ihre Pflanze bei schwachem Licht unregelmäßig und lassen Sie das Substrat fast austrocknen, bevor Sie ihr wieder Wasser geben. Bei helleren Lichtverhältnissen braucht sie mehr Wasser, vermeiden Sie aber unbedingt Staunässe.

Größe

Diese Pflanzen werden etwa 40 bis 80 cm groß.

Vermehrung

Am einfachsten ist es, die Pflanze zu teilen und die Teile getrennt einzupflanzen. Sie können auch ein Blatt in 5 bis 7 cm lange Stücke schneiden und in (Anzucht)substrat setzen. An der Basis entstehen dann neue Pflanzen. Beachten Sie dabei die Wuchsrichtung!

Sorten

S. cylindrica – Eine Art mit runden, spitzen Blättern, die etwa 1 m lang werden können und oft geflochten angeboten werden.

'Laurentii' – Eine der bekanntesten Sorten. Die grün gesprenkelten Blätter haben gelbe Ränder und werden etwa 1,20 m lang.

S. masoniana 'Mason's Congo' – Ein großer Bogenhanf, dessen Blätter 20 bis 25 cm breit und 90 bis 120 cm lang werden können.

Sicherheit

Giftig für Kleinkinder und Haustiere.

GRÜNLILIE

GERINGER LICHTBEDARF

MÄSSIG FEUCHT

SICHER

Andere Namen

Grüner Heinrich, Fliegender Holländer

Botanischer Name

Chlorophytum comosum

Die charmante Grünlilie ist eine der beliebtesten Zimmerpflanzen, die zudem die Luft von schädlichen Stoffen reinigt. Am häufigsten wird die panaschierte Form verkauft, oft als Ampelpflanze. Ein typisches Merkmal sind ihre Kindel, die an langen Stängeln von der Mutterpflanze herabhängen. Wenn die fleischigen Wurzeln den Topf füllen, muss die Pflanze umgetopft werden – sie können den Topf sprengen.

Licht

Die einfarbig grüne Form kann gut bei schwachem Lichteinfall leben, die panaschierten brauchen mittleres bis helles Licht.

Wasser

Halten Sie die Grünlilie gleichmäßig feucht. Die Blattspitzen werden braun, wenn sich die Salze aus dem Dünger im Substrat anreichern. Spülen Sie es öfter durch und schneiden Sie die braunen Spitzen ab.

Größe

Die Pflanzen werden etwa 30 bis 60 cm hoch, die gebogenen Blätter können bei einigen Sorten bis 90 cm lang werden und über den Topfrand hängen.

Vermehrung

Die Kindel können abgeschnitten und getrennt eingepflanzt werden oder Sie lassen sie in einem Glas Wasser erst bewurzeln. Sie wurzeln noch schneller, wenn man sie absenkt, das heißt, Sie stellen einen Topf mit feuchtem Substrat neben den der Mutterpflanze und befestigen das Kindel mit gebogenem Draht darin. Wenn das Kindel eingewachsen ist, schneiden Sie den Stängel ab. Große Pflanzen können Sie auch teilen und die Teile getrennt einpflanzen.

Sorten

'Bonnie' – Eine Sorte mit auffällig gedrehten grün-weißen Blättern.

'Mandaianum' – Die Blätter dieser Sorte werden nur 10 bis 15 cm lang. Sie sind dunkelgrün mit gelbem Mittelstreifen.

Sicherheit

Sicher für Kleinkinder und Haustiere.

KORBMARANTE

MITTLERER LICHTBEDARF

MÄSSIG FEUCHT

SICHER

Botanischer Name

Calathea rufibarba

Ungewöhnlich an dieser Pflanze sind ihre Blätter. Sie sind länglich, spitz und dunkelgrün mit weinroten Rückseiten und gewellten Rändern. Wenn Sie die Rückseite befühlen, spüren Sie eine weitere Besonderheit: sie fühlt sich samtartig an. Ich würde sie am liebsten ununterbrochen wie ein Haustier streicheln. Der Name der Art »rufibarba« kommt aus dem Lateinischen und bezieht sich auf diese Kennzeichen; »rufus« bedeutet »rot« und »barba« heißt »Bart«.

Licht

Die Pflanze gedeiht gut bei mittleren Lichtverhältnissen, am besten an Ostfenstern. Ein Nordfenster ist ebenfalls geeignet. Zu helles Licht bekommt der Korbmarante nicht; ihre Blätter könnten ausbleichen oder verbrennen.

Wasser

Halten Sie die Korbmarante gleichmäßig feucht und lassen Sie sie nie austrocknen. Sie braucht auch eine hohe Luftfeuchtigkeit, um Spinnmilben abzuschrecken. Stellen Sie sie daher auf eine mit Kieseln und Wasser gefüllte Schale, um die Luftfeuchtigkeit zu erhöhen.

Größe

Diese Pflanze wird etwa 30 bis 50 cm hoch.

Vermehrung

Sie können die Korbmarante teilen und die Teile getrennt einpflanzen.

Sicherheit

Ungiftig für Kleinkinder und Haustiere.

ZEBRAKRAUT

MÄSSIG FEUCHT

GIFTIG

Andere Namen

Zebra-Ampelkraut, Zebrine, Silber-Dreimasterblume

Botanischer Name

Tradescantia zebrina

Diese Kletterpflanze wird gern in Ampeln gepflanzt. Die schönen gestreiften Blätter schimmern im Licht. Die Pflanze ist einfach zu pflegen und nimmt etwas Vernachlässigung nicht übel. Die Triebe sind ziemlich empfindlich und brechen schnell ab, aber das ist eine gute Gelegenheit, Ableger zu ziehen.

Licht

Die Pflanze gedeiht am besten bei mittleren Lichtverhältnissen. Sie toleriert schwächeres Licht, die Blätter können dann aber ihre kräftige Färbung verlieren. Ein Platz an einem Ost- oder Westfenster ist am besten. Direkte Sonne bleicht die Blätter aus oder verbrennt sie.

Wasser

Halten Sie das Substrat gleichmäßig feucht, aber nicht zu nass, sonst können die Triebe und Wurzeln verrotten. Weil die Triebe sukkulent sind, verträgt die Pflanze gelegentliche Trockenheit.

Größe

Das Zebrakraut wird nicht höher als etwa 15 cm. Die über den Topfrand hängenden Triebe können über 60 cm lang werden.

Vermehrung

Stecken Sie Kopfstecklinge in feuchtes (Anzucht)substrat.

Sorten

T. pallida – eine Art mit länglichen, am Rand fein behaarten violetten Blättern. An den Triebspitzen entwickeln sich kleine pinkfarbene Blüten. Sie darf nicht zu dunkel stehen, sonst werden die Blätter grün und sie blüht nicht.

Sicherheit

Giftig für Kleinkinder und Haustiere.

ZIMMERNESSEL

GERINGER LICHTBEDARF

MÄSSIG FEUCHT

SICHER

Andere Namen

Pellionie

Botanischer Name

Pellionia pulchra

Die Blattzeichnung der Zimmernessel ähnelt einer Wassermelone – und, um den Effekt zu vergrößern, sind die Blattunterseiten und die Triebe rötlich. Kleine Pflanzen eignen sich für ein Terrarium, größere machen sich als Ampelpflanze gut. Zimmernesseln sind einfach zu pflegen und perfekt als Einstiegspflanze.

Licht

Diese einzigartige Pflanze braucht nur schwaches bis mittleres Licht. Direkte Sonne bleicht ihre Blätter aus oder verbrennt sie.

Wasser

Zimmernesseln bevorzugen ein gleichmäßig feuchtes Substrat. Wird es zu trocken, verlieren sie ihre älteren Blätter.

Größe

Die Pflanze wird nur einige Zentimeter hoch, die hängenden Triebe können aber bis zu 50 cm lang werden. Wenn die Zimmernessel sparrig wird, schneiden Sie die Triebe ab und ziehen Sie neue Pflanzen, mit denen Sie den Topf wieder füllen oder die alte Pflanze ersetzen können.

Vermehrung

Stecken Sie Kopfstecklinge in feuchtes (Anzucht)substrat zum Bewurzeln.

Sicherheit

Ungiftig für Kleinkinder und Haustiere.

ZAMIE

GERINGER LICHTBEDARF

TROCKEN

GIFTIG

Andere Namen

Glücksfeder, Zamioculcas

Botanischer Name

Zamioculcas zamiifolia

Haben Sie eine dunkle Ecke, in der bisher jede andere Zimmerpflanze aufgegeben hat, ist dies die Lösung: Die Zamie ist in den letzten Jahren eine der beliebtesten Zimmerpflanzen geworden, weil sie schlechte Lichtverhältnisse ertragen und immer noch gut aussehen kann. Aus ihrem knolligen Rhizom wachsen einzelne wedelartige Blätter, die beidseitig mit glänzenden, dunkelgrünen Fiederblättern besetzt sind. Die fleischigen Stängel speichern Wasser und stehen aufrecht, bei älteren Pflanzen hängen sie auch über, daher macht sich die Zamie sehr gut als Solitärpflanze auf einem Sockel.

Licht

Obwohl die Zamie schlechte Lichtverhältnisse gut erträgt, zieht sie mittleres bis helles Licht vor, um gut zu gedeihen. Vermeiden Sie aber direkte Sonne.

Wasser

Die Zamie ist sehr tolerant gegen Trockenheit, wie viel Wasser sie braucht, hängt von den Lichtverhältnissen ab. Wenn sie zu lange trocken steht, lässt sie Fiederblätter fallen. Staunässe ist unbedingt zu vermeiden, sonst verrotten die Wurzeln und Rhizome.

Größe

Die Blätter können etwa 90 cm lang werden.

Vermehrung

Am einfachsten lässt sich die Zamie durch Teilung vermehren. Außerdem können Sie einzelne Fiederblätter zur Vermehrung nutzen. Stecken Sie die Blätter in feuchtes (Anzucht)substrat und decken Sie den Topf mit durchsichtigem Plastik ab. Dafür brauchen Sie aber Geduld – es kann bis zu einem Jahr dauern, bevor die Ableger austreiben.

Sicherheit

Giftig für Kleinkinder und Haustiere.

Register

A

Aglaonema 79
Aglaonema spp. 79
Akklimatisierung 17
Ananas-Drachenbaum 57
Anthurium plowmanii 61
Aspidistra elatior 75
Asplenium nidus 63
Atmosphäre 34ff.
Aufrechter Schwertfarn 107

B

Baumfreund 97, 131
Beamtenspargel 147
Beleuchtung 9 ff.
Beleuchtung, künstliche 17ff.
Bergpalme 123
Blätter, verfärbte 51
Blattfahne 125
Blattfall 51
Blattläuse 48
Blattpflege 46f.
Blattspitzen, braune 51
Blaue Efeutute 77
Blutstendel 103
Bogenhanf 65, 147
Boston-Schwertfarn 69

C

Calathea makoyana 129
Calathea ornata 135
Calathea rufibarba 151
Chlorophytum comosum 149
Cissus rhombifolia 'Ellen Danica' 93
Cyrtomium falcatum 99

D

Dieffenbachia spp. 87
Dieffenbachie 87
Dracaena fragrans 81
Dracaena reflexa 'Anita' 57
Dracaena sanderiana 111
Drachenbaum 81, 111
Drahtwein 55
Drainage 44f.
Dreimasterblume,
Purpurblättrige 115
Düngen 31 ff.

E

Efeu 89
Efeutute, Blaue 77
Efeutute, Gefleckte 145
Efeutute, Goldene 141
Einblatt 125
Eisenpflanze 75
Epipremnum aureum 141
Epipremnum pictum 145
Epipremnum pinnatum 'Cebu Blue' 77
Eselskopf 59

F

Fatsia japonica 101
Feingliedriger Moosfarn 127
Felsfarn, Rundblättriger 73
Fensterblatt 113
Fensterdekoration, grüne 36
Ficus pumila 83
Fittonia spp. 117
Fittonie 117
Flecken auf Blättern 50
Fliegender Holländer 149
Flügelfarn 71
Friedenslilie 125
Fußblatt 59

G

Gasteria spp. 119
Gasterie 119
Gebetspflanze 143
Gefleckte Efeutute 145
Gemeiner Efeu 89
Gestreifte Korbmarante 135
Gewöhnlicher Efeu 89
Gießen 23ff.
Glücksbambus 111
Glücksfeder 157
Glücksmoos 127
Goldene Efeutute 141
Goldranke 141
Goldtüpfelfarn 67
Großblättrige Steineibe 137
Grüner Heinrich 149
Grünlilie 149

H

Hahns Bogenhanf 65
Hasenfußfarn 67
Haworthia limifolia 91
Haworthia limifolia var. ubomboensis 91
Haworthie 91
Hedera helix 89
Henne mit Küken 133
Huckepackpflanze 133
Hüllenklaue 139
Hypoestes phyllostachia 139

I

Ilexfarn 99

J

Juwelorchidee 103

K

Kälteschäden 51
Kängurufarn 105
Kletterfeige 83
Kletterficus 83
Kletterphilodendron 97
Klima 34ff.
Klimme, Rautenblättrige 93
Klippenfarn 73
Knopffarn 73
Kohl-Anthurie 61
Kolbenfaden 79
Königswein 93
Korbmarante 129, 151
Korbmarante, Gestreifte 135
Köstliches Fensterblatt 113
Krankheiten 50f.
Krauses Mooskraut 127
Krokodilfarn 85

Kronenfäule 50
Künstliche Beleuchtung 17ff.

L

Lebendblatt 133
Lucky Bamboo 111
Ludisia discolor 103
Luftfeuchtigkeit 34 f.
Luftzirkulation 34

M

Maranta leuconeura 143
Marante 143
Mehltau 50
Metzgerpalme 75
Mexikanische Bergpalme 123
Microsorum diversifolium 105
Microsorum musifolium 'Crocodylus' 85
Monstera deliciosa 113
Moosfarn, Feingliedriger 127
Mooskraut, Krauses 127
Mosaikpflanze 117
Muehlenbeckia complexa 55
Mühlenbeckie 55

N

Nephrolepis cordifolia 107
Nephrolepis exaltata 'Bostoniensis' 69
Nest-Anthurie 61
Nestfarn 63
Nierenschuppenfarn 107

P

Pellaea rotundifolia 73
Pellefarn 73
Pellionia pulchra 155
Pellionie 155
Peperomia spp. 121
Peperomie 121
Pfauen-Korbmarante 129
Pfeilwurz 129, 143
Pflanzenkauf 40f.
Pflege 39ff.
Philodendron 'Little Hope' 109
Philodendron bipinnatifidum 109
Philodendron hederaceum 97
Philodendron mayoi 131
Philodendron scandens 97
Phlebodium aureum 67
Phototropismus 15
Podocarpus macrophyllus var. maki 137
Polipodium formosanum 95
Problemlösungen 47ff.
Pteris cretica 'Mayii' 71
Punktblume 139
Purpurblättrige Dreimasterblume 115
Purpurtute 59
Rautenblättrige Klimme 93

R

Rhoeo spathacea 115
Rundblättriger Felsfarn 73
Rundblättriger Zwergfarn 73
Russischer Wein 93
Rußtau 50f.

S

Sansevieria trifasciata 147
Sansevieria trifasciata 'Hahnii' 65
Saumfarn 71
Schädlinge 47ff.
Scheidenblatt 125
Schildblume 75
Schildläuse 48f.
Schildnarbe 75
Schlanker Schwertfarn 107
Schmierläuse 48
Schusterpalme 75
Schwertfarn 107
Schwiegermutterzunge 65, 147
Scindapsus 77
Scindapsus pictus 145
Selaginella kraussiana 127
Sichelfarn 99
Silber-Dreimasterblume 153
Silbernetzblatt 117
Sonnenlicht 10 ff.
Spathiphyllum spp. 125
Spinnmilben 49
Stechpalmenfarn 99
Steineibe, Großblättrige 137
Streifenfarn 63
Substrat 45 f.
Syngonium podophyllum 59

T

Tempelbaum 137
Temperatur 34
Thaumatophyllum bipinnatifidum 109
Thripse 50
Tolmiea menziesii 133
Tongapflanze 141
Tradescantia spathacea 115
Tüpfelblume 139
Tüpfelfarn 95

U

Übertöpfe 28
Umtopfen 41ff.
Umweltprobleme 51
Untersetzer 29
Urlaubszeit 29f.

V

Vogelnestfarn 63

W

Wein, Russischer 93
Weiße Fliegen 50
Welken 51
Wollläuse 48

Z

Zamie 157
Zamioculcas 157
Zamioculcas zamiifolia 157
Zebra-Ampelkraut 153
Zebrakraut 153
Zebrine 153
Zierliche Bergpalme 123
Zierpfeffer 121
Zimmeraralie 101
Zimmernessel 155
Zimmerrebe 93
Zwergfarn, Rundblättriger 73
Zwergpfeffer 121

Über die Autorin

Lisa ist eine Expertin für Zimmerpflanzen, die alles Wissenswerte in ihrem Blog www.thehouseplantguru.com weitergibt. Aufgewachsen ist sie im ländlichen mittleren Michigan, wo sie inmitten der Natur ihre Liebe speziell zu Pflanzen entdeckte. Bei ihrer Großmutter, die nur ein paar Häuser entfernt wohnte, konnte Lisa beobachten, wie aufmerksam diese sich um ihre Usambaraveilchen und anderen Zimmerpflanzen kümmerte. Diese Erfahrung beflügelte Lisas Leidenschaft für die grünen Hausgenossen.

Weil sie auch eine begeisterte Gärtnerin ist, schreibt Lisa eine Kolumne für die Zeitschrift Michigan Gardening und verfasst Beiträge für andere Gartenmagazine. Außerdem hält sie Vorträge über die Bedeutung und die Pflege von Zimmerpflanzen.

Über zehn Jahre arbeitete Lisa beim *Steinkopf Nursery and Garden Center*, wo sie für die Einjährigen und für Zimmerpflanzen verantwortlich war. Außerdem ist sie Mitglied verschiedener Verbände und Organisationen, die sich unterschiedlichsten Pflanzenarten verschrieben haben.

Zurzeit lebt sie mit ihrem Mann John und zwei bezaubernden Katzen in der Gegend von Detroit, wo sie in ihrem Haus Hunderte von Zimmerpflanzen hegt und pflegt. Bei ihren Reisen besucht sie gern die Gewächshäuser botanischer Gärten. Lisa ist der Überzeugung, dass in jeder Wohnung, jedem Haus und jedem Büro eine Zimmerpflanze stehen sollte und dass es geeignete Zimmerpflanzen für jede Situation gibt. Jeder kann einen grünen Daumen haben, weil jeder etwas Grün in seinem Leben braucht!

Danksagung

Zuerst möchte ich meiner Lektorin Alyssa Bluhm danken, weil sie die Idee zu diesem Buch hatte und überzeugt war, dass es dafür einen Bedarf gibt. Ich arbeitete sehr gern mit Dir! Danke auch an das gesamte Quarto-Team, das das Buch realisiert hat.

Zweitens muss ich Heather Saunders danken für die schönen Fotos, die sie mit einem besonderen Blick für dieses Buch gemacht hat. Es war eine Freude, mit Dir zu arbeiten! Wir beide möchten auch ihren Söhnen Harrison und Julian Saunders für ihre jugendliche Begeisterung danken, mit der sie geholfen haben, Pflanzen und vieles mehr zu den verschiedenen Aufnahmeorten und wieder zurückzubringen.

Danke an Danielle Dirks, dass wir ihre großartigen Detroiter Airbnb-Wohnungen für die Aufnahmen nutzen durften und dass sie für einige Fotos als Model bereitstand. An Tim Travis und Jim Slezinski, dass sie uns ihre großartigen Zimmerpflanzen, Töpfe und ihr Gartencenter zur Verfügung gestellt haben. An Jay Atwater und Chelsea Steinkopf, die damit einverstanden waren, dass wir ihre Pflanzen zu Supermodels machten. An Kelly Ardito für ihre exzellente Assistenz bei den Fotoarbeiten und an Chelsea Steinkopf, die ebenfalls dabei assistiert hat.

Außerdem möchte ich einigen wunderbaren Menschen danken, die mir eine große Hilfe waren bei der Pflanzenauswahl und den botanischen Fachausdrücken: Justin Hancock von Costa Farms, Brett Weiss, Gartenbauexperte beim Vivarium, und Jeremy Kemp vom Belle Isle Anna Scripps Whitcomb Conservatory. Danke an meine Freundin Nancy Szerlag, die mir bei allen Fragen zu Substraten und Dünger geholfen hat und beim Redigieren.

Vielen Dank an meine Familie und meine Freunde, dass sie mich beim Schreiben unterstützt haben und bei allem, was dies mit sich brachte – vergessene Verabredungen, verpasste Veranstaltungen und zusätzlicher Stress. An meinen himmlischen Vater, der mir diese Gelegenheit gegeben hat und mich jede Minute des Tages begleitet.

Und obwohl ich ihn als Letzten nenne, ist er der Wichtigste: mein Mann John, mein Fels, mein größter Fan und die Liebe meines Lebens. Danke, dass Du Dich um den Haushalt gekümmert hast und die vielen zusätzlichen Pflanzen, die die Fensterplätze in Beschlag genommen haben. Würdest Du Dir trotzdem auch noch den Hinterhof anschauen? Ich liebe Dich!